知的生きかた文庫

1日1題
英語のニュアンスがわかる本

藤沢晃治

三笠書房

はじめに

楽しみながら、英語独特の感覚が身につく！

クイズ形式で学ぶ「英語発想の基礎」

　本書は、読者のみなさんにクイズを楽しんでもらいながら、いつのまにか「英語発想の基礎」を身につけてもらうことを目的としています。楽しみながら学ぶことで、英会話力を伸ばすことを最終目標にしています。他に何もせず、本書だけで英語ペラペラになれる、などというウソはつきたくありません。

　しかし、本書によって、より自然な英語を話すための**「英語発想の基礎」を必ずマスターできる**はずです。

英語力ゼロでもＯＫ

　本書は、学校を卒業し、「英語なんて、もう、ぜ〜んぶ忘れちゃった！」という**英語力ゼロの人たち**を想定しています。学校卒業後、英語とはまったく無縁な生活を送ってきた方々です。でも、密かに「英語が話せたらいいなぁ〜」という夢を持ち続けている人に読んでもらいたい本です。

英語力ゼロの人でも、本書を読み終えた時点で、「英語発想の基礎」を必ずマスターできます。今まで外国人に英語で話しかけられると逃げ出していた人でも大丈夫です。身振り手振りを交えて、なんとかカタコトでも英会話に挑戦しよう！という勇気を持てるようになるはずです。

　もちろん、中学英語も完全に忘れてしまった人でも、本書を読めばすぐに、英語発想の基本回路を頭の中に作ることはできます。ただ、中学英語を完全に忘れてしまった人には、本書の前に基礎固めをおすすめします。「中学英語を3日で復習する」のようなタイトルの本がたくさん本屋さんに並んでいます。208ページでも数冊紹介しています。そんな本に1冊、目を通してから本書を読むことを強くおすすめします。本書からの吸収力がグンとアップするからです。

　さらに、本書は、英会話の**初級者レベルを早く卒業したい人**のためにも書かれています。つまり、長年、英語の勉強をしているのに、いつまでたっても現在の初級者レベルからなかなか卒業できずにイライラしているような人です。

　読者の中には、英語は少しは話せる、または、仕事で英語を使っているような人もいるでしょう。そんな人で

も、なんとなく自分の英語力に釈然としていない人も多いのではないでしょうか。つまり、英会話の万年初級レベルを卒業できず、いつまでも中級者レベルに進めず苛立っているような人です。そうした伸び悩みの理由は、多くの場合、ネイティヴの英語発想の基礎に疎いからです。

英語には、**日本語にはない独特の感覚**があります。わかりやすい例として「**点**」と「**線**」の感覚です。

「点」とは瞬間的な動作を表し、「線」とは継続する動作、または状態を表します。たとえば、「(服を) 着る」に該当する英語表現をなんとなく put on または wear と覚えている方が多いのではないでしょうか。しかし、この2つの表現は、日本語視点では意味は似ていますが、**実はニュアンスは微妙に異なります。**

put on は「着ていない状態」から「着ている状態」に移行する瞬間的な動作「着る」を表します。一方、wear は「(ずっと) 着ている」という継続している状態を表し、厳密には意味が異なります。今まであまり意識してこなかったこのような**微妙なニュアンスの違いがわかると、英会話は一気に上達**します。

本書によって、一刻も早く「英語発想の基礎」という土台を完成してください。そうすれば、あなたの「英語ペ

ラペラ」というビル建設はどんどん中級者、上級者レベルへと効率よく進んでいくでしょう。

まとめると、本書は英語力ゼロの人から初級者レベルの人、さらに、ある程度、英会話もできる中級レベルの人までを対象としています。英検3級や英検2級合格を目指している人、または、TOEICなら200点から600点位までの人を想定して書かれています。

本書は、以下の5つの原則に沿って書かれています。

★原則1　会話力を伸ばす

本書のクイズは、すべて英語の「書き言葉」ではなく「話し言葉」を基に作られています。クイズを通じて得られる英語感覚は、すべて英語圏で現実に**「話されている英語」「日常生活の生の英語」**ばかりです。

当然、本書は英語のネイティヴに厳格にチェックしてもらっています。ですから、受験参考書には例文として載っているけれど、現実の英米人が日常会話で使わないような表現は本書には一切含まれていません。本書は、あなたが英語圏などに留学しても、その日から毎日、実際に

使える英語表現だけを扱っています。

　逆に言えば、会話中心の本なので、英語の筆記試験の合格に役立つものではないかもしれません。しかし、実際にあなたが「英語を話す」場面で役立つ、英会話の基礎力、感覚を確実に養ってくれるでしょう。

★原則2　暗記ではなく理解で

　英会話ペラペラになるためには、覚えなければならない様々なルールがあります。しかし、無味乾燥なルールをただ暗記するのは、退屈で苦痛な作業です。そこで本書では、いろいろな便利なルールをクイズで紹介しながら、**読者に「なぜそうなっているのか」という理由をわかりやすく説明**します。「わかりやすい説明」は私の得意技だからです！

「なるほど！ ネイティヴはそんな風に考えていたのか！」というように、ルールの裏に隠れているネイティヴの発想を理解できます。

　英会話というと、ネイティヴだけが使う、You gotta hit the books!（お前、勉強しなくちゃ！）のようなくだけた表現、慣用句をたくさん暗記することが近道のような感じがします。

しかし、カッコイイ表現を丸暗記しても応用力につながりません。これは日本語を勉強する外国人が「ここから新宿まで何分ですか?」を言えないレベルなのに「マジかよ?」というような表現だけを好んで覚えているようなものです。学習順序が逆なのです。
　実際には、くだけた表現より**基本表現の裏にあるネイティヴの発想、考え方を理解する方がずっと近道**です。その方が自然な英語表現のバリエーションを大幅に増やせるからです。

★原則3　英語の「点と線」の対比で説明
　前述したように、英語の感覚の中にある「点と線」というイメージの対比を使って、様々なネイティヴの感覚を説明します。今までモヤモヤとしか理解できていなかったことを「**点の気持ち**」と「**線の気持ち**」という視点からスッキリと理解できます。「点と線」との対比を理解できれば、ネイティヴの感覚により近い自然な英語表現が身につきます。

★原則4　むずかしい文法用語はなるべく使わない
　本書では、「関係副詞」「使役動詞」「現在分詞」の

ようなむずかしい文法用語はなるべく使わないようにします。その代わり、説明上どうしても必要な場合だけ、「させ動詞」や「線動詞」など、覚えやすい私の造語を使うことがあります。読者のみなさんが正式な文法用語と間違えるといけないので、新しい造語を紹介するときは、その都度、造語であることを明記します。

★原則5 細かい例外で混乱させない
　便利なルールをみなさんに紹介する際、あまり細かい**例外的なことはお話ししない**ことにします。つまり、暗記しやすいように便利なルールは大胆に単純化してあります。ちょうど初めて算数の掛け算を習うとき、九九の暗記から始めるようなものです。小数の掛け算や分数の掛け算を後回しにする考え方と同じです。

　なお、本書の中の英文の先頭に付いている記号の意味は次の通りです。

　　○：自然な英語表現
　　△：間違いではないけれど少し不自然な英語表現
　　×：明らかに間違っているか、不自然な英語表現

本書でクイズを楽しみながら、「英語発想の基礎」という英会話力の土台と骨格を築き上げてください。**土台と骨組みさえ完成してしまえば、「英語ペラペラ」というビルは完成間近**です。本書を卒業した後は英語を話してみたいという前向きな気持ちになれるはずです。あとは、使いこなせるボキャブラリー(単語や熟語)の量を増やすという単純な作業を続けていくだけです。

　それだけで、あなたの「英語ペラペラ」というビルはどんどん完成していきます。あなたの話す英語はどんどんなめらかになっていくはずです。逆に、土台と骨組みが完成していない段階で、どんなにボキャブラリーだけを増やしても、そんなビルはグラグラしてすぐに倒壊してしまうでしょう。

　英語ペラペラを目指す人は、どうか、「急がば回れ」で、本書で「ネイティヴの英語発想」という英会話力の土台と骨組みをまず完成させてください。

　　　　　　　　　　　　　　　　　　　藤沢晃治

『1日1題
英語のニュアンスがわかる本』

もくじ

CONTENTS

はじめに
楽しみながら、英語独特の感覚が身につく！ ─ 3

第1章 この「感覚」がわかれば英語は話せる！

❶ 「まで」は until？ それともby？ ───────── 16
❷ 「点」の気持ち、「線」の気持ちとは？ ───────── 24
❸ 「忘れていた」のは、willとbe going to、どっち？ ─ 28
❹ 予測する場合、will と be going to、どっち？ ── 34
❺ 「条件付きの予測」を自然に表現すると？ ─────── 37
❻ not yet と still not、苛立っているのは？ ─────── 41
❼ 「現在も続いている」のは、どっち？ ─────────── 45

第2章 英語発想の根源を知ろう！

❽ 「行く」と「go」の違いとは？ ─────────────── 52
❾ 「朝」と「morning」は本当に同じ？ ───────────── 59
❿ 「寿司好き」は、どっち？ justでわかる？ ─────── 65

- ⓫ 「一番伝えたいこと」は何？ ——— 68
- ⓬ ever を正しく使えますか？ ——— 73
- ⓭ 「the ＝その」と覚えていませんか？ ——— 78
- ⓮ 英語の「数の世界」を知ろう！ ——— 83

第3章 日本語発想の落とし穴に注意！

- ⓯ could は can の過去？ ——— 92
- ⓰ already と yet の微妙な関係とは？ ——— 98
- ⓱ 現在進行形の意外な秘密 ——— 101
- ⓲ 未来表現には will が必要？ ——— 106
- ⓳ when の使い分けに注意!? ——— 111
- ⓴ 「私の友だち」は my friend？ ——— 115

第4章 微妙なニュアンスを使い分けよう！

- ㉑ must と have to の微妙な違いとは？ ——— 120
- ㉒ 犬なのかロバなのかを考えよう ——— 126

❷❸ 「上司をアメリカに行かせたよ」、本当!? ―― 130
❷❹ 「伝える」は telling？ それとも to tell？ ―― 136
❷❺ 「昔はよくしたよ」と回想する場合 ―― 140
❷❻ 「息継ぎ」だけで、意味がガラッと変わる！ ―― 143
❷❼ 起点となるのは「現在」？ それとも…… ―― 148

第5章 これで完璧、自然な英語！

❷❽ many と much の意外な制約 ―― 154
❷❾ 現在完了形は、もういらない!? ―― 157
❸⓿ I'm loving her. で気持ちは伝わる？ ―― 160
❸❶ 受動態で表す「英語の点と線」 ―― 165
❸❷ 「推測」の程度にもいろいろ ―― 170
❸❸ 「should ＝べき」で問題ありませんか？ ―― 173
❸❹ ドイツ人だと信じているのは、どっち？ ―― 176

付録1 例文を完全暗記しよう！ ―― 181
付録2 英語ペラペラになるための7つのステップ ― 201
参考文献 ―― 213

この「感覚」がわかれば英語は話せる!

難易度:★☆☆☆☆

※出題されているクイズを読んだあとは、すぐに解答を見ず、必ずまず自分で解答を考えてみましょう。すぐに正解を読んでしまうと実力がつきません。

「まで」は until ?
それとも by ?

「5時までに仕上げてくださいね」を意味する次の表現の間違いを直してください。

Please finish the work until five o'clock.

解 A1

Please finish the work <u>by</u> five o'clock.

このクイズは、かなり多くの人に until と by の混乱があるようなので出題しました。until も by も、日本語では同じ言葉「まで」に関係するため、私たち日本人は混同しやすいのです。「まで＝ until」的な単純暗記の弊害です。

until の「まで」は、何かの行為、状態の「継続」を意味します。つまり、「線の気持ち」を表したいときに使います。例としては、He slept until ten. （10時まで寝ていた。）とか、They were angry until he apologized. （彼が謝るまで彼等は怒っていた。）などです。「寝ている状態」や「怒っている状態」が継続して「線」になっているイメ

ージを思い浮かべてください。その「線の気持ち」を表したいときは until を使います。

　一方、by の「まで」は、もう少し正確に言えば「（遅くても）までには」という「期限」を意味します。「期限」のイメージは、「線」ではなく「点」です。「5時までに仕上げて」と言われても、5時まで継続する必要はなく、3時半に仕上げてもいいわけです。「5時までに」の期限は、5時前なら「いつでもいい」という意味です。決して行為、動作の継続を意味しません。

　出題文の「5時までに仕上げてくださいね」を検討してみましょう。仕上げるための「作業」自体には継続性があります。でも、「仕上げる」のは、ある瞬間のはずです。つまり、継続性のある行為ではありません。その瞬間の行為を「遅くても5時までに行ってください」という意味です。これは「期限」を意味するので、by を使うのが正しいのです。

　まとめると、次のようになります。

until　→　継続の「線の気持ち」
by　　→　期限の「点の気持ち」

until を使うべきか by を使うべきかは、動詞との相性を考えると、さらにわかりやすくなります。
　ところで、ちょっとだけむずかしい言葉を使わせていただくと、英語の文法には「状態動詞」や「動作動詞」という考え方があります。動詞の種類を表す言葉です。非常に重要な考え方なのですが、日本ではあまり広く知られていないようです。そこで、私は本書では、動詞のこの2つの分類をわかりやすく、私の造語として「線動詞」、「点動詞」と呼ぶことにします。

　行為やある状態の継続を表す動詞を、私は「線動詞」と呼びます。一方、瞬間的な行為を表す動詞を「点動詞」と呼ぶことにします。 英語の動詞をこの2つのタイプに分けて考えると、いろいろなことがスッキリと理解できます。ただし、この名称は正式な文法用語ではなく、本書を読んでいない人に言っても通じないのでご注意ください。

【線動詞の例】
She wore a red sweater.（彼女は赤いセーターを着ていた。）
She knows you.（彼女は君のこと知ってるよ。）
I was very hungry this afternoon.（今日の午後はお腹がペコペコだったよ。）

この3つの例文では、「セーターを着ている状態」や「知っている状態」や「空腹な状態」が瞬間ではありません。ある程度、継続しているので、「線の気持ち」を表しています。

【点動詞の例】
She put on a red sweater.（彼女は赤いセーターを着た。）
She got to know you at the party.（彼女はそのパーティーで君のことを知ったんだよ。）
I got hungry after swimming.（泳いだ後、お腹が空いた。）

「着た」「知った」「お腹が空いた」は、すべて瞬間的な行為や現象なので、「点の気持ち」を表しています。

　until は「線の気持ち」を表し、by は「点の気持ち」を表すことを学びました。ここで動詞との相性を考えてみましょう。「線の気持ち」を表す until は、当然、線動詞と相性がよいのです。

She wore a red sweater until three o'clock.
（彼女は3時まで赤いセーターを着ていた。）

これは自然な表現です。until で「線（継続）」の終点（終わりの点）を表しています。逆に、「点の気持ち」を表す by は、当然、点動詞と相性がいいわけです。

She will put on the red sweater by three o'clock.
（彼女は3時までにはその赤いセーターを着るでしょう。）

　このような予測を表す表現も自然です。「着る」という瞬間の動作（点）の期限を by で表しています。

　このクイズの Please finish the work until five o'clock. に戻って考えてみましょう。なぜ、この表現が変なのでしょうか？　それは、「線の気持ち」を表す until を点動詞の finish と一緒に使っているからです。相性が悪い2つをつないでいるので、チグハグが起こっているのです。finish という「瞬間の行為」は until が表すように「継続させる」ことが無理なのです。この英語表現のチグハグ感をそのまま無理に和訳すれば「その仕事を5時まで終え続けてね。」という感じでしょうか。英語表現でも食べ合わせの悪いものには気をつけましょう。

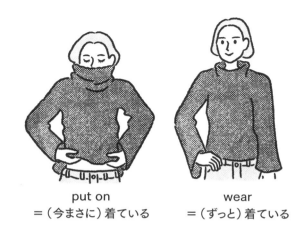

put on
＝（今まさに）着ている

wear
＝（ずっと）着ている

　最後に、少し混乱するかもしれませんが、同じ1つの動詞が状況によって、点動詞になったり、線動詞になったりする例外もあります。動詞 have の例を紹介しましょう。

【点動詞】I had my breakfast this morning.
　　　　（今朝は朝食、食べたよ。）
【線動詞】He has blue eyes.（彼の目は青い。）

　上の点動詞の had は、私の意志で行なった「食べ

この「感覚」がわかれば英語は話せる！

る」という**一時的な行為、動作**を表します。一方、下の行の線動詞の has は、「目が青い」という**状態の継続**を表しています。

　点動詞として使っている had では、「食べた」という「意志を持った行為」を表していることがわかります。「食べた」は瞬間的な動作なので、いわば「点」なのです。「朝食を食べる行為は瞬間じゃできないよ！　どんなに短くても5分はかかるよ！」と考える読者もいるでしょう。しかし、発言者の心理では、その過去の朝食時間5分間を瞬間的な「点の気持ち」で表現しているのです。決して、継続を意味する「線の気持ち」ではないのです。

　一方、線動詞として使っている has の「目が青い」は瞬間的行為ではなく、ある状態の継続であることがわかると思います。

　ある動詞が点動詞なのか線動詞なのかを判断する便利な方法があります。それは、その動詞の表す動作や状態が「目に見える」かどうかです。例外も多いのですが、たいていの場合、この判別方法で当たります。

例えば、arrive や eat や swim など、意味が目に見えるような動詞は点動詞であることが多いのです。一方、know や want や hear など、意味が目に見えないような動詞は線動詞であることが多いのです。

> **丸暗記コーナー ①** ＼最低10回は音読しよう!／
>
> 【点の気持ち】
> You must get up <u>by</u> nine o'clock tomorrow morning.
> （明日の朝は9時**までには**起きてね。）
>
> 【線の気持ち】
> You can sleep <u>until</u> nine o'clock tomorrow morning.
> （明日の朝は9時**まで**寝てていいよ。）

この「感覚」がわかれば英語は話せる！

クイズ 2 「点」の気持ち、「線」の気持ちとは?

「そのお店は、10時から開店しています。」を意味したいとき、次の英語は正しいでしょうか?

The store opens from ten o'clock.

間違いです。

The store opens at ten o'clock.（点の気持ち）
が自然な英語です。または、
The store is open from ten o'clock.（線の気持ち）
が自然な英語です。

これは「から= from」と単純暗記している日本人向けのひっかけ問題です。理由を考えてみましょう。from は、行為や状態が継続する時間帯の「始点（始まりの点）」を表す言葉であることはおわかりでしょう。だから、from は線動詞と相性がよいのです。では、このクイズで出題されている動詞 open は、線動詞でしょうか、点動詞でし

ょうか？　「開店する」という行為は、瞬間でしょうか、継続するでしょうか、という問いです。

　よく考えると、お店を開店するためにシャッターを上げたり、電灯を点けたりする行為は、「その時限りの行為」のはずです。だから、「開店する」の open は線動詞ではなくて、点動詞なのです。つまり、継続の「始点」を意味する from とはミスマッチで、食べ合わせが悪いのです。

　at は場所でも、時間でも、at の後ろに来る名詞を「点」として意識するときに使う前置詞です。だから、時間に使えば、「その瞬間に」という気持ちを表します。点動詞の open と「点」を表す at とは相性がいいのです。

　一方、「開店している」「営業中」を意味する is open は、どうでしょうか？　この be 動詞の is を使った is open なら、線動詞です。「開店中」や「営業中」は継続する状態だから、線動詞で「線の気持ち」を表現しているわけです。今度は、その「線」の始点を表す from を使っても違和感がないわけです。ですから、

The store is open from ten o'clock.（線の気持ち）

と言うのは自然なのです。

　atが「点」の気持ちを表す前置詞と書きましたが、ついでに、もうちょっと説明しましょう。

A：I met him in the town.
B：I met him at the town.

　この2つの表現は、どちらも「私はその町で彼に会いました。」と和訳されるかもしれません。しかし、前置詞がinとatでは、発言者の気持ちに微妙な違いがあります。発言者が町を思い浮かべているイメージが違うのです。
　inの場合は、文字通り「その町の中で」という風に、発言者が町に包まれているイメージを思い浮かべながら話しています。町の通りを行く車や信号や建物をイメージしているでしょう。
　一方、atでは、発言者は地図か何かで、「その町」を点のようにイメージしながら話しています。atは発言者が「点」をイメージしていることを教えてくれるのです。atの後ろが場所ではなく、at ten o'clockのように時間の場合も、10時というのは瞬間の「点」ですから、自然なのです。

The store is open from ten o'clock.

丸暗記コーナー 2 \ 最低10回は音読しよう! /

(当店は 11 時から営業しています。)

- Our shop opens at eleven o'clock.
(点の気持ち:11 時に開く。)
- Our shop is open from eleven o'clock.
(線の気持ち:11 時から開いている。)

「忘れていた」のは、will と be going to、どっち？

「外出中の部下」と「オフィスにいる上司」との電話での会話です。上司の同じ質問に2人の部下は異なる答え方をしています。

上司：Have you finished the report yet?
（あのレポート、もう仕上がってる？）

部下A：Oh sorry, not yet. I'll do it when I come back to the office.
部下B：Oh sorry, not yet. I'm going to do it when I come back to the office.

レポートを仕上げることをすっかり忘れていた可能性があるのは、部下Aでしょうか、部下Bでしょうか？

解A3

もちろん、2人とも正直に答えていることを前提にしてですが、すっかり忘れていた可能性があるのは、部下Aの方です。

なぜなら、部下Aは「今、決めた予定、意志」のwillで答えているからです。「今、決めた」のですから、それまで「いつ仕上げるか」を考えていなかった可能性があります。一方、部下Bは、「すでに決まっていた予定、意志」のbe going toで答えています。だから、部下Bは、上司から質問される前から「オフィスに戻って仕上げる」ことを決めていた可能性があるわけです。

　未来のことを表現する方法として、willとbe going toの2種類あったことは、なんとなく覚えていると思います。ただ、「be going to = will」と単純に暗記していた人は、要注意です。「みかん＝レモン」のような妙な暗記です。willとbe going toの2つは完全に同じ、つまり、いつも2つは交換可能とは限らないからです。
　例えば、「ジェーンは今夜、その大使館のパーティーに出席することになってるわ。」と言いたくて、

× Jane will attend the embassy party tonight.

と言うのは少し不自然です。あなたの英語の発音がどんなに完璧でもです。なぜなら、「**すでに決まっていた未**

来」を言うには、普通、be going to を使って、

○ Jane is going to attend the embassy party tonight.

と言うからです。
　逆に、自分の大好きな映画スターも出席するそのパーティーに関心があり、突然、重症の風邪を引いてしまった友人に「それなら、僕が君の代理でそのパーティーに出席するよ」と言いたくて、

△ Then I'm going to attend the embassy party tonight instead of you.

は少し不自然です。パーティーに参加することは、すでに決まっていたことではなく、「発言時の今、決めた未来」だからです。「発言時の今、決めた未来」は、will を使って次のように言う方が自然な英語になります。

○ Then I'll attend the embassy party tonight instead of you.

クイズの部下Ａと部下Ｂの気持ちの違いを強調して和訳すると次のような感じになるでしょう。

【今、決めた予定（意志）】→（点の決心）
部下Ａ：Oh sorry, not yet. I'll do it when I come back to the office.（あっ、すみません、まだです。**じゃあ**、オフィスに戻ってから仕上げます。）

【すでに決まっていた予定（意志）】→（線の決心）
部下Ｂ：Oh sorry, not yet. I'm going to do it when I come back to the office.（あっ、すみません、まだです。オフィスに戻ってから仕上げる**つもりでした**。）

どうせ暗記するなら、次のように覚えましょう。

● 点の気持ち：今、決めた未来（予定、意志）
　→　will（会話では短縮形の「'll」が普通）
● 線の気持ち：すでに決まっていた未来（予定、意志）
　→　be going to

丸暗記コーナー 3

\ 最低10回は音読しよう! /

【点の決心の例1】

Boss: Have you called Saito-san yet?

(上司:もう斉藤さんに電話した?)

You: No, not yet. I'll call him after lunch.

(あなた:まだです。**じゃあ、**昼食後に電話します。)

【線の決心の例1】

Boss: Have you called Saito-san yet?

(上司:もう斉藤さんに電話した?)

You: No, not yet. I'm going to call him after lunch.

(あなた:まだです。昼食後に電話する**つもりでした。**)

【点の決心の例2】

Then I'll attend the meeting tomorrow.

(じゃあ、私が明日、その会議に出席するよ。)

【線の決心の例2】

I'm going to attend the meeting tomorrow.

(私は明日、その会議に出席すること**になってる**よ。)

すでに決まっていた予定

I'm going to call him after lunch.
（昼食後に電話するつもりでした。）

今、決めた予定

I'll call him after lunch.
（じゃあ、昼食後に電話します。）

忘れてた!?

 予測する場合、will と be going to、どっち?

次のうち、will を be going to と置き換えても、意味がそれほど変わらないのはどっちでしょう?

A：He'll probably show up this evening.
　（彼は、たぶん、今夜現れるでしょう。）
B：You'll find him very soon.
　（すぐに彼を見つけられると思うよ。）

解答 A4

AとB共に、will を be going to に置き換えても意味はそれほど変わりません。
つまり、こうなります。

A：He's probably going to show up this evening.
　（彼は、たぶん、今夜現れるでしょう。）
B：You're going to find him very soon.
　（すぐに彼を見つけられると思うよ。）

ところで、この表現AやBは、「すでに決まっていた予

定、意志」でしょうか「今、決めた予定、意志」でしょうか？　どちらでもないことはおわかりでしょう。「**予定や意志」だったら、クイズ３で学んだように、will と be going to は交換不可**だったはずです。このクイズ４では、表現ＡもＢも「予定や意志」ではなく、「予測」です。整理すると、

クイズ３　→　「予定、意志」の未来
クイズ４　→　「予測」の未来

と分類できます。今まで、「予定」も「予測」もゴチャゴチャにして「未来」と覚えていたので、will と be going to の微妙な使い分けの意識がなかったのではないでしょうか。
　クイズ３と違って、このクイズ４の「予測」では、will も be going to もどちらも使えるのです。
「明日、雨だと思うよ。」と言いたければ、

I think it'll rain tomorrow.
I think it's going to rain tomorrow.

　どちらでもＯＫです。同じ未来でも、「予定（意志）」と

「予測」の違いがわかったでしょうか?

丸暗記コーナー ④ \ 最低10回は音読しよう! /

きっと、君はその新人を気に入ると思うよ。(予測)

I'm sure you'll like the newcomer.
I'm sure you're going to like the newcomer.

「条件付きの予測」を自然に表現すると?

「彼はとても喜ぶでしょう。」という予測を意味する次の表現AとBはどちらも正しいでしょうか?

(君がその仕事を時間通りに完了すれば、彼はとても喜ぶでしょう。)

A : If you complete the task on time, he'll be very pleased.
B : If you complete the task on time, he's going to be very pleased.

解答5

どちらも間違いではないのですが、どちらかと言えば、表現Aの方がより自然な表現です。

クイズ4（P.34）で「予測」では、will も be going to も同じように使える、と学びました。このクイズ5の「be very pleased.」の部分は、明らかに予測です。

なのに、なぜ、Bの表現は不自然なのでしょうか? なぜなら、このクイズは、**予測表現の中の例外事項**を出題

この「感覚」がわかれば英語は話せる! 37

しているからなのです。

　どういう例外かと言うと、「もし、仕事を完了したら」という「条件付き」の予測だからです。

　「まで = until」のような固定的暗記は危険と言ってきましたが、ここでは、**「条件付き予測 = will」が自然**と覚えてもよいでしょう。

　if のような、ハッキリと条件だとわかる表現だけではなく、if が付いていなくても「意味の上で条件付き」なら同じです。

　息子と母親の次の会話を見てください。

Son: Please give me some more money.
　　（もっとお金をちょうだいよ。）
Mother: No! You'll spend it all in a day.
　　（駄目！ おまえは１日で全部使っちゃうから。）

　母親の「全部使っちゃうから」は、「もし、おまえにお金をあげれば……」という暗黙の条件付き予測です。

　「If I give you some more money」という条件をハッキリと言わないような場合でも、「条件」の意味は含まれているので、will を使った方が自然です。

willの代わりにbe going toを使うと間違いではありませんが、少し不自然になってしまいます。

△ No! You're going to spend it all in a day.

> **丸暗記コーナー ⑤**　＼最低10回は音読しよう!／

- If you visit her this evening, she'll be very pleased.
  （今夜、彼女を訪ねてあげれば、とても喜ぶと思うよ。）
  ↑
  条件付き予測

Son: Please buy me a new motorbike.
　　（新しいバイク買ってよ。）
Father: No! You'll have an accident again.
　　　（駄目だ。〈もし、買ってあげれば〉また、事故を起こすから。）←条件付き予測

will と be going to のまとめ

【予定や意志の場合】
　　will　　　　　→　今、決めた予定（意志）
　　be going to　→　すでに決めていた予定（意志）

【予測の場合】
　　will でも be going to でも、どちらも使えます。

【条件付き予測の場合】
　　will を使う方が自然な英語です。

not yet と still not、苛立っているのは?

次の2つの英語表現に関して2つの意見があります。正しい意見はどっちでしょうか。

A: He hasn't come yet.
B: He still hasn't come.

意見1: 表現Aは、ただ単純に「まだ来ていない」の意味で、表現Bは、「(当然来ていてもいい時間なのに) まだ来ていない」ことへのイライラや心配の気持ちを表してると思うな。

意見2: 一見、表現Aは正しそうで会話なんかでは使われるけれど間違い。正しい英語表現は表現Bだけだよ。

解答 A6

正しいのは意見1です。

still は、ある状態、状況が継続していることを意味します。

It was still dark.
(まだ暗かった。) ＝暗い状態が続いていた。

　通常、肯定文で使うことの方が多いのですが、この出題のように、否定文で使うこともできます。その場合、文末に置くyetと違い、否定形を意味する部分（この場合は "hasn't"）の直前に still を置きます。

He still hasn't come.
(彼は、まだ来ていない。)

　これは、「来ていない」という状況が継続していることを意味します。
　ですから、yet を使う文と違い、「来ていない」という否定状態が続いているので、場合によって、苛立ち、不安、疑問などの気持ちを表します。**still は、発言者の「苛立ち」や「不安」が「継続している」ことを意味しています。**すなわち、still は「線の気持ち」を表しているのです。

　一方、He hasn't come yet. では、この発言をしている時点で「彼が来ていない」という瞬間の事実を述べて

いるだけです。それ以外の複雑な気持ちはありません。だから、yet の表している「まだ（ない）」の意味は、ある「瞬間」の状態だけ、すなわち、「点の気持ち」です。まとめると、

「点の気持ち」：not yet
「瞬間」を表します。そのとき、「まだ（ない）」だけの意味。

「線の気持ち」：still not
「継続」を表します。「まだ（ない）」が予想外に継続しているので、苛立ち、疑問、心配の気持ちを表します。

　彼が 12 時に来るはずの場合を考えてみましょう。
　12 時ちょうどに He hasn't come yet. と「まだ来ていない」だけの意味を「点の気持ち」で表現するのは自然です。
　でも、12 時ちょうどに He still hasn't come. と「線の気持ち」で表現するのは不自然です。なぜなら、12 時ちょうどでは、「彼が来ていない」ということを瞬間（点）、思っただけですから。つまり、「線」にはなっていないからです。

一方、12時10分位からは still を使ってもいいかもしれません。「彼がまだ来てないなぁ〜」という気持ちが10分間、継続しているからです。つまり、「来ていない」という状態が10分間の長さの「線」になっているからです。12時10分過ぎ位からは、苛立ちや心配を still で「線の気持ち」を表すことは自然です。

　12時何分過ぎから苛立ちや不安の心理が起こるのか、に関してはもちろん、そのときそのときの状況で違います。また、人によって感じ方も違うので当然、個人差もあります。間違っても「still は10分経過後から使える」のように固定的には覚えないでください。

丸暗記コーナー 6 ＼最低10回は音読しよう!／

- He hasn't come yet.
（彼、まだ来てないよ。）＝「点の気持ち」

- He still hasn't come.
（〈苛立ち、疑問、心配の気持ちで〉彼、まだ、来てないんだよ。どうしたんだろう?）＝「線の気持ち」

クイズ 7 「現在も続いている」のは、どっち?

David gave up smoking.
John has given up smoking.

現在も禁煙をしている可能性が高いのは、David でしょうか John でしょうか?

解答 7

John です。

　まず、文法的に考えてみると、David gave up smoking. は普通の単純過去形です。一方、John has given up smoking. の方は、現在完了形です。「have+ 過去分詞」の現在完了形というものを習った記憶があると思います。現在完了形というものは日本語にないので、学校で習ったとき、なんとなく意味がよくわからなかったと思います。

　現在完了形とは、そもそも一体、何なのでしょう? そうです、このクイズは「単純過去形と現在完了形の違いは何か」という問題です。

　学校では、「完了」「結果」「経験」「継続」を意味する

のが現在完了形だと習ったような記憶がありませんか。でも、こんなゴチャゴチャした分類は日本人の発想から見た分類です。

　ネイティヴが話すときに、「これから僕が言いたいことは『継続』だから、have動詞を使った現在完了形で表現しよう」などとは、もちろん考えていないわけです。ネイティヴの発想はもっと単純です。種明かしを先にすれば、ネイティヴは次のように考えて、過去形と現在完了形を使い分けています。

「点の気持ち」　→　過去形：David gave up smoking.
「線の気持ち」　→　現在完了形：John has given up smoking.

　まず、「点の気持ち」を表す過去形の方から考えてみましょう。David gave up smoking. の発言者はDavidが過去に禁煙した、ある一時点だけを思い浮かべながら話しているのです。過去形は、発言者が過去のある一点の事実だけを思い浮かべながら話しているので、それ以外のことは一切わかりません。いつのことかは不明ですが、Davidが「過去に禁煙した」ことだけしかわかりません。

例えば、その後どうなったかとか、現在はどうか、などということは全然わかりません。

　一方、「線の気持ち」の現在完了形の方はどうでしょう？　John has given up smoking. は、どんな「線」を表しているのでしょう。線の「始点」はいつでしょうか？始点は、その現在完了形で述べられている動詞の動作が起こった時点です。つまり、John has given up smoking. が表す線の始点は、John が禁煙を開始した時点です。
　では、線の「終点（終わりの点）」は、どこでしょう？終点は、必ず、いつも「現在」です。
「現在」で終わっているからという理由が「現在完了形」という名称の由来だと覚えてもよいでしょう。だから、現在完了形では、表現している内容に関係なく、線の終点は、いつも必ず「現在」です。
　では、John has given up smoking. の表現では、何が「線」となって、「現在」まで続いているのでしょうか。そうです、John が「禁煙している状態」です。
　では、現在完了形が「線の気持ち」を表しているとしても、特に「線のどの辺」を強調する気持ちなのでしょうか。**現在完了形では、「線の終点」つまり「現在の状**

態」を一番伝えたい気持ちの表現なのです。

　John has given up smoking. の例で考えれば、この発言者が一番伝えたいことは、「**過去に禁煙した**」ことの方ではなく、「**現在、禁煙状態である**」という点なのです。「過去に禁煙した」ことの方は添え物くらいの重要度なのです。
　過去のことだけを言いたいときは過去形で言いましょう。 過去のことに関連していても、実は**現在のことを一番伝えたいときは現在完了形で言いましょう。**

　このクイズの英語表現を「点の気持ち」と「線の気持ち」がよく表れるように和訳すれば、次のような感じになります。括弧内の補足は、ちょっと不自然な日本語ですが、英語の気持ちを正確に表しています。

点の気持ち：David gave up smoking.
　　　　　（David は〈1度〉禁煙した。）

線の気持ち：John has given up smoking.
　　　　　（John は〈今日まで〉ずっと禁煙している。）

過去形の方は、Davidが現在も禁煙中かどうかはまったく不明ということです。だから、Davidは現在は禁煙していないかもしれないし、禁煙が続いているかもしれません。一方、Johnの方は明らかに現在も禁煙中だということがわかります。過去形と現在完了形の気持ちの違いがわかったでしょうか？

　最後に、このクイズの2つの表現、

David gave up smoking.
John has given up smoking.

には、もう1つだけ、別の意味でニュアンスの違いがあることを補足しておきましょう。禁煙を開始した時点に関して違いがあるのです。単純過去で表現されているDavidより、現在完了形で表現されているJohnの方が「つい、最近」禁煙した、という感覚があります。

丸暗記コーナー 7 \ 最低10回は音読しよう! /

「点の気持ち」

My sister tried the new diet method last month.

(妹が先月、その新しいダイエット法を試したよ) ←今も継続中かどうかは不明。

「線の気持ち」

My sister has tried the new diet method for two months.

(妹が、その新しいダイエット法を2ヶ月間、試してる。) ←今も継続中。

第2章

英語発想の根源を知ろう！

難易度：★★☆☆☆

「行く」と「go」の違いとは?

お母さんが夕食の準備を終え、庭で遊んでいる息子に呼びかけました。
不自然な表現があれば訂正してください。

Mother: Dinner is ready!(夕飯の準備ができたわよ〜!)
Son: I'm going now!(今、行きま〜す!)

解答 A8

Mother: Dinner is ready!(夕飯の準備ができたわよ〜!)
Son: I'm coming now!(今、行きま〜す!)

外国語を勉強していて一番困ることは、単語の意味が日本語の意味と「1対1」に対応していないことです。だから、単純な「1対1」の暗記が危険なのです。

英語の go と come も日本人にとっては、一見、簡単そうで実は、やっかいな単語です。「go = 行く」「come = 来る」式の暗記でたいていの場合は問題ありませんが、時々、トラブルが起こります。

主語が自分(I や we)以外の場合、英語と日本語と

の発想の間に違いはありません。次のように、英語も日本語も同じ意味になるからです。

● go と「行く」の意味→**話し手**の現在地から**離れる**。
He says he'll go to the States next year.
（彼は来年、アメリカに**行く**って言ってるよ。）←話し手はアメリカ以外の場所にいます。

● come と「来る」の意味→**話し手**の現在地に**近づく**。
He says he'll come to Japan next year.
（彼は来年、日本に**来る**って言ってるよ。）←話し手は日本にいます。

　日本語と英語の感覚が違うのは、主語が自分（I や we）のときだけです。このとき、英語の「go・come」と日本語の「行く・来る」では、次のような意味の違いがあります。

【主語が「I」か「we」のときだけ】
★「行く」の意味→**話し手**の現在地から離れる。
★ go の意味→**聞き手**の現在地から離れる。

★「来る」の意味→**話し手**の現在地に近づく。
★ come の意味→**聞き手**の現在地に近づく。

　国際電話で、話し手である「あなた」が日本にいて、聞き手がアメリカにいる状況をイメージしてください。こんなときは、次のような逆転現象が起こります。

I'll probably come to the States next year.
(私は来年、たぶん、アメリカに行くと思うよ。) ← 「I」が**聞き手の現在地に接近**するので英語では come を使います。

　一方、同じく国際電話の続きで、来年は（自分は）アメリカに出張するけれど、その後、「秋までには日本に戻って来るよ」と言う場合を想定してください。英語では、逆転が起こり、次のように言います。

...after that I'll go back to Japan by autumn.
(秋までには日本に戻って**来る**よ。) ← 「I」が**聞き手の現在地から離れる**ので英語では go を使います。

相当、頭が混乱すると思います。何十年も日本語の感覚で話してきたのですから当然です。でも、この go と come の複雑な問題を簡単に覚える方法があります。それは次のことだけを暗記する方法です。

「話し手と聞き手が離れていて、主語が自分（I や we）のときだけ、日本語と逆転する」

　このような状況はメールや電話でのコミュニケーション、または、聞き手が離れているために大声で叫びながら話しているような状況に限られます。**話し手と聞き手が同じ場所で普通に話している場合は逆転が起こらない**から安心です。
　このクイズの状況、つまり、夕食の準備を知らされた息子はどうでしょうか？　母親と息子は離れた場所にいます。そして、息子の発言の主語は自分（I）です。だから、上に書いた「逆転現象が起こる条件」に合致しているのです。
　「逆転現象が起こる条件」という覚え方ではなく、英語ネイティヴの発想に注目した覚え方でもよいでしょう。

「英語では、自分（I か we）を主語にする場合、相手（聞き手）の立場（視点）を尊重する」

　こちらの方が覚えやすいという方は、もちろん、この原則を暗記してください。

　話を複雑にしないため、今まで意図的に「聞き手の現在地」という表現を使ってきました。しかし、厳密に言うと、この説明は100点満点ではありません。もっと、正確に説明しましょう。自分（**I** や **we**）を主語にするときは、**「go や come という行動が実際に起こる時点での聞き手の位置」**で考えます。頭が混乱してきた方は、以下はあまり重要ではないので読み飛ばしていただいても結構です。

　次の表現ＡもＢも、話し手と聞き手は、現在、同じ場所にいる会話だと考えてください。

A : Do I have to come to the meeting tomorrow?
　　（明日、その会議に出席しなくちゃだめ？）
B : Do I have to go to the meeting tomorrow?
　　（明日、その会議に出席しなくちゃだめ？）

　この２つの表現は、明日のことを言っている未来表現

明日、聞き手はどこにいるか？

です。come が起こるのも、go が起こるのも明日という未来です。発言時には話し手と聞き手は一緒にいます。しかし、主語が「I」なので、**その明日に「聞き手」がどこにいるかが問題**なのです。表現Aでは「聞き手に近づく」の come を使っています。だから、表現Aでは、「聞き手はその会議に出席している」ということが想定されています。

一方、表現Bでは「聞き手から離れる」の go を使っています。だから、表現Bでは、「聞き手はその会議に出席していない」ということが想定されています。このニュアンスを込めて、もう一度、和訳すると次のような感覚です。

英語発想の根源を知ろう！　57

A : Do I have to come to the meeting tomorrow?
（明日、**僕も**その会議に出席しなくちゃだめ？）

B : Do I have to go to the meeting tomorrow?
（明日、**僕だけ**その会議に出席しなくちゃだめ？）

　頭が混乱してきたので、忘れないように最後に重要ポイントをもう1回、繰り返します。

「**英語では、自分（I か we）を主語にする場合、相手（聞き手）の立場（視点）を尊重する**」

丸暗記コーナー 8　＼最低10回は音読しよう！／

- I'm going to Kobe next week!
（私、来週、神戸に行くんだ！）←聞き手は来週、神戸以外の場所にいる。

- I'm coming to Kobe next week!
（私、来週、神戸に行くんだ！）←聞き手は来週、神戸にいる。

「朝」と「morning」は本当に同じ?

Come to my office with the guy tomorrow morning.
の意味は次のどれでしょう?

A:明日の朝、その男と私のオフィスに行きなさい。
B:明日の朝、その女と私のオフィスに来なさい。
C:明日の朝、その人と私のオフィスに来なさい。
D:明日の朝、その男と私のオフィスに来なさい。
E:明日の朝、そいつと私のオフィスに行きなさい。

解答 A9

どれでもありません。

　厳密な和訳は、ちょっと不自然ですが、「明日、**起床後、午前中に**、その男と私のオフィスに来てください。」となります。もっと自然な和訳は「明日、**午前中に**、その男と私のオフィスに来てください。」となるでしょう。

　このクイズは、英語の単語と日本語の単語が「1対1に対応していない」ことを強く感じてもらうことが目的です。私たちの頭の中では「car = 車」や「dog = 犬」のよう

英語発想の根源を知ろう!

に、「morning = 朝」という知識が大切に保管されています。たいていの場合、この知識が悪さをすることはありません。しかし、厳密に言うとmorningと朝は「似ている」けれど「完全に同じ」ではないのです。

英英辞書（Collins COBUILD English Dictionary for Advanced Learners）でmorningの項を引くと、次のように説明されています。

The morning is the part of each day between the time that people usually wake up and 12 o'clock noon or lunchtime.
("morning"とは、1日の中の時間帯で、起床時間から正午、あるいは、昼食時間までの間を指す。)

morningの定義に一番近い感覚の日本語は「午前」のようです。ただ、日本語の「午前」の意味は、「午前零時から正午までの時間帯」ですから、英語のmorningの定義とは、厳密には、やっぱり違います。例えば、「午前11時45分」は、日本語では「朝」のニュアンスから微妙に外れてしまいますが、英語では「morning」の範囲に入るのです。逆に真夜中の2時は日本語では「午前」

に含まれますが、英語の「morning」には入りません。

　この辺が外国語を学ぶときに、むずかしいところです。だから、日本語の「今朝」と言いたければ、英語ではearly this morning が一番近いでしょう。「今朝、財布なくしちゃった!」と言いたければ、I lost my purse early this morning! となります。

　morning の混乱と同様、日本人は「明日の夜、また会おうよ!」と言いたいとき、つい、See you again tomorrow night! と言いたくなります。日本人の頭の中には「night = 夜」の公式があるからです。しかし、実際は、日本語の「明日の夜、また会おうよ!」に近いのは、See you again tomorrow evening! の場合が多いのです。しかし、日本人の頭の中では「evening = 夕方」という誤解があるので、上の表現が出てこないのです。

　さきほどと同じ英英辞典で night と evening を調べれば、なぜ、tomorrow evening の方が適切なのかの理由がわかります。

The night is the part of each day when the sun has set and it is dark outside, especially the time when

英語発想の根源を知ろう!　61

people are sleeping.
("night" とは、1日の中の時間帯で、日没して野外が暗くなった時間帯を指し、特に人々が就寝中の時間帯を指す。)

The evening is the part of each day between the end of the afternoon and the time when you go to bed.
("evening" とは、1日の中の時間帯で、夕方6時頃から就寝時刻までの間の時間帯を指す。)

　　上記の説明文に含まれている afternoon も調べました。

The afternoon is the part of each day which begins at lunch time and ends at about six o'clock.
("afternoon" とは、1日の中の時間帯で、昼食時に始まり、夕方6時頃に終わる時間帯を指す。)

　以上をまとめると、night は、どちらかと言えば外が暗くて人々が「就寝中」の時間帯を意味します。
　一方、evening は、夕方6時頃から就寝時刻までの人々が「活動中」の時間帯です。だから、evening が終

英語が表す「時間帯」を知ろう!

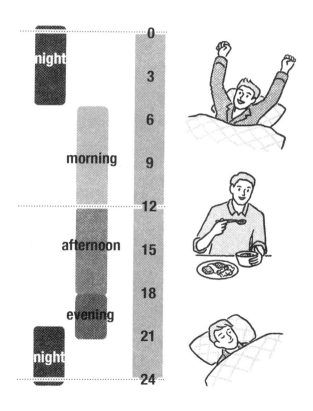

わってから night が来ると考えればよいのです。こうした使い分けがシッカリとできれば、あなたの英語から日本語発想が薄れ、よりネイティヴ感覚に近い自然な英語を話せるようになるでしょう。

したがって、「英語のレッスン」「デート」「宴会」などは、evening。
一方、「人目を忍んでのデート」「金庫破り」「敵国への侵入」「徹夜の残業」などは、night となるのでしょう。

丸暗記コーナー ❾ \ 最低10回は音読しよう! /

- See you again tomorrow morning!
  (明日の午前中に、また会おうよ!)
- See you again early tomorrow morning!
  (明日の朝、また会おうよ!)
- Are you free tomorrow evening?
  (明日の晩、空いてる?)
- I was up late last night.
  (ゆうべは深夜〈周囲の人は就寝中〉まで起きてたよ。)

「寿司好き」は、どっち? just でわかる?

Bruce just doesn't like sushi.
John doesn't just like sushi.

Bruce か John か、どちらか寿司が好きな人はいますか?

解答 A10

John が寿司が好きです。

さらに正確に補足すれば、「ジョンは寿司が大好きです」となります。

または「John は寿司だけじゃなくて……(日本食なら何でも好き)」のような意味つまり、「ジョンが好きなのは寿司だけじゃないよ」という意味にもなります。いずれにしても「John は寿司が好き」ということだけは確かです。

このクイズは、否定語 not が「何を否定するか」を考えてもらうための問題です。英語の **not は、not の直後にある言葉を否定する**のが原則です。

英語発想の根源を知ろう! 65

Bruce just doesn't like sushi.

　では、not の後ろにある言葉は like です。つまり、not が否定するのは「好きです」という言葉です。だから、意味は「Bruce は寿司を好きじゃない。」となります。just は「ただ、それだけ」という意味を添えるので、全体の和訳は「Bruce は、ただ寿司が嫌いなだけ。」となります。状況によっては、「うまく説明できないけど（理由はわからないけど）、とにかく Bruce は寿司が嫌いなんだよ。」のようなニュアンスにもなります。

John doesn't just like sushi.

　一方、こちらの表現では、not の直後にある言葉は just です。この just は「ただ（普通に）好きなだけ」という意味を like に添えている言葉です。これを否定するということはどういうことでしょうか。つまり、好きな程度が「普通に」ではない、という意味ですから、「メチャメチャ好き」「大好き」という意味になります。全体としては「John は寿司が好き、なんてもんじゃないよ。寿司オタクだよ。」のような感覚です。

John doesn't just like sushi.

お寿司大好き!

丸暗記コーナー 10

\ 最低10回は音読しよう! /

- I just didn't want to talk with her.
 (彼女と話したくなかっただけだよ。)

- I didn't just want to talk with her.
 (彼女と話したかっただけじゃないよ。)
 推測例 →「本音は彼女と付き合うキッカケが欲しかったんだ」

Q11 クイズ 「一番伝えたいこと」は何?

A : What did you give her?（彼女に何あげたの?）
B : Who did you give the book to?（その本、誰にあげたの?）

1 : I gave her the book.
2 : I gave the book to her.

1と2はAとBの質問に対する返答表現だとします。それぞれ表現AとBのどちらの質問の返答ですか?

解答 A11

A → 1　　　B→ 2

　このようなクイズでなければ、I gave her the book. も I gave the book to her. も、日本では「同じ意味」の別表現として教えられています。どちらも「その本を彼女にあげた。」または「彼女にその本をあげた。」の意味で、似たようなものだと説明されます。でも、このクイズでは、give の2つの型に関する微妙な感覚の違いに注目してみ

ましょう。2つの型とは、

1: give + 人 + 物　　（I gave her the book.）
2: give + 物 + to + 人　（I gave the book to her.）

　まず、「A → 1」の会話から考えましょう。質問Aの関心は「何を?」です。だから、当然、返答1の中心は「何を」になる必要があります。言い換えれば、返答1は「何を」を強調する必要があります。
　「英語では、強調したい情報、新しく伝えたい情報ほど後に置く」という傾向があります。返答1では「何を」のthe bookを強調したいので、後にthe bookを置き、I gave her the book. となります。裏を返せば、最後のthe book以外に先に発音されている「I gave her」の部分は質問者がすでに知っている情報です。
　だから、親しい間柄での自然な会話では次のように省略されるかもしれません。

A: What did you give her?
1: The book.

英語発想の根源を知ろう!　69

次に「B → 2」の会話を考えましょう。質問Bの関心は「誰に？」です。だから、返答2は「誰に」を強調する必要があります。ここで、さきほど説明した英語表現の傾向、原則「強調したい情報、新しく伝えたい情報ほど後に置く」が同じように有効です。そうです、「誰に」を最後に置きます。だから、I gave the book to her. となるわけです。

　さきほどと同じく「to her」以外の情報は質問者がすでに知っている情報です。すべて省略しなくても、普通なら the book を繰り返さず、代名詞の it を使って、次のようなもっと自然な会話になるでしょう。

B: Who did you give the book to?
2:（I gave it to）her. ←（　）部分は省略可能。

　聞き手に知らせたい**新しい情報を最後に置くのが自然な英語**になります。

丸暗記コーナー 11 ＼最低10回は／ ＼音読しよう!／

以下はすべて下線部分を強調する気持ちです。

● He took off his <u>glasses</u>.
(彼は**眼鏡を**外した。) ←「彼は何を外したの?」に答えるような気持ち。関心の中心は「眼鏡」。

● He took his glasses <u>off</u>.
(彼は眼鏡を**外した**。) ←「彼は眼鏡をどうしたの?」に答えるような気持ち。関心の中心は「外す」という動作。

● It's easy to talk <u>with her</u>.
(**彼女は**話しやすい人だ。) ←「誰が話しやすいって?」に答えるような気持ち。関心の中心は「彼女」。

● She is <u>easy to talk with</u>.
(彼女は**話しやすい人**だ。) ←「彼女はどんな人?」に答えるような気持ち。関心の中心は「話しやすいこと」。

● Tanaka-san said, "<u>It's me</u>."

英語発想の根源を知ろう!

(田中さんは「**それは僕です。**」と言った。)←「何て言ったの?」に答えるような気持ち。関心の中心は「発言内容」。

● "It's me," said Tanaka-san.（※これは書き言葉の表現です）
(「それは僕です。」と**田中さんが**言った。)←「誰が言ったの?」に答えるような気持ち。関心の中心は「発言人物」。

Q12 everを正しく使えますか?

I have ever been to China.(中国へ行ったことがあります。)

は正しい表現でしょうか?

A12

不自然な表現です。

理由は、ever を普通の肯定文に使っているからです。**ever は疑問文や否定文、条件文などに使われるのが普通**です。だから、例えば疑問文の、

Have you ever been to China?(中国へ行ったことある?)

は、まったく普通の表現です。また、次のように条件文に使うのも自然です。

If you ever visit Tokyo again, please come and see me.
(もし、いつかまた東京へ来ることがあったら、会いに来てくださいね。)

英語発想の根源を知ろう!

さらに、次のように「こういう範囲で」と範囲の条件を表す場合にも使えます。

That's the biggest car I've ever seen.
（あれは、僕が今まで見た中で一番大きい車です。）

ever 以外にも疑問文・否定文・条件文専用の単語として、any や any の仲間である anything や anybody などもあります。

○ Do you have anything to drink?
○ I don't have anything to drink.
○ If you have anything to drink, ...
× I have anything to drink.
○ I have something to drink.

この anything の×表現がなぜ駄目なのか、その理由を忘れない便利な方法があります。anything の意味を「何でもいいんだけど」と覚えることです。このように覚えておけば、

Do you have anything to drink?

は、「何でもいいんだけど飲み物ある?」という自然な意味になります。もっと自然な日本語なら「何か飲み物ある?」となるでしょう。
　一方、

I have anything to drink.

を和訳すれば、「何でもいいんだけど飲み物あるよ。」という変な意味になってしまいます。実際にこんなことをネイティヴに言えば、「ホント!?　じゃあ、最高級のシャンパンを出してよ!　あと、一口飲めば10年若返るような秘伝のジュースも飲みたいな。何でもあるんでしょ?」などとからかわれるでしょう。実際にあなたが大富豪で地球上のあらゆる飲み物を用意できたり、魔法使いだった場合に限り、I have anything to drink. と言ってもよいでしょう。
　意味は文字通り、「何でもいいんだけど飲み物あるよ。」つまり、「飲み物なら、どんなものでもあるよ。」という意味です。
　普通、「飲み物なら何かあるかも」程度の意味なら、

英語発想の根源を知ろう!　75

○ I have something to drink.

と言いましょう。

　クイズのeverに話を戻しましょう。anythingを「何でもいいんだけど」と覚えると便利といいました。everを英英辞典で調べると、その意味はat any time（いつでもいい）だと説明しています。つまり、anything同様に、everは「いつでもいいんだけど」と覚えておくと安全です。この暗記で和訳してみましょう。

○ Have you ever been to China?
　（いつでもいいんだけど中国へ行ったことある?）
× I have ever been to China.
　（いつでもいいんだけど中国へ行ったことがあるよ。）

　×表現が不自然だとわかるでしょう。ちなみに、経験を尋ねている上の○表現の疑問文では、「経験」ということ自体に「いつでもいいんだけど今までに」という意味が元々含まれています。だから、わざわざeverを添えなくてもまったく自然な表現になります。

○ Have you been to China?（中国へ行ったことある？）

○ I have been to China.（中国へ行ったことあるよ。）

　everを添えると「いつでもいいんだけど、今までに1度でも」という意味を強調している感じになります。でも、元々、「経験」の中に含まれている意味をeverで繰り返すことは「顔を真っ赤に赤面し」のようにクドイ感じになることもあります。とは言っても、文脈から経験を尋ねているかどうかが曖昧な場合、「経験を尋ねている」ことを強調するようなときは、ever付き疑問文でもまったく自然な表現です。

丸暗記コーナー 12　＼最低10回は音読しよう！／

- Have you seen a panda?
  （パンダ見たことある？）
- Have you ever seen a panda?
  （今までに、パンダ見たことある？）
- I've seen a panda.
  （パンダ見たことあるよ。）

英語発想の根源を知ろう！

Q クイズ 13 「the ＝ その」と覚えていませんか？

ある航空会社の5人のパイロットがテレビに映っていました。それを見た同じ航空会社の客室乗務員が次のように言いました。

They are the pilots working for our airline.

その航空会社のパイロットの総数は次のうちのどれでしょう？

(A) 5人　　　　　　(B) 50人程度
(C) 150人程度　　　(D) 不明

解答 A13

(A) の「5人」が正解です。

　なぜ、They are the pilots working for our airline. の発言でそんなことがわかるのでしょうか？

　ヒントは、もし、「the」が付いていない They are pilots working for our airline. という発言なら、正解は (D) の「不明」になることです。そうです、パイロット総数が5

人とわかるのは「the」があるからなのです。

　なんとなく覚えている学校で習ったtheの意味は「その」だと思います。だから、直訳的に考えるとthe pilotsは「そのパイロット」となります。

　もちろん、この和訳がピッタリくる状況もあります。例えば、優秀な業績で表彰されたパイロットが話題になり、それがある航空会社のパイロット5人だった、と新聞で報じられていたとしましょう。そしてその報道の翌日、報じられているパイロット5人の映像がテレビに映っていたとしましょう。その新聞記事を知っている人がテレビを見ながら家族に話しかけて、They are the pilots working for the airline. だったなら、その自然な和訳は「ほら、その会社のそのパイロットたちだよ。」または、状況に合わせて、もっと自然な和訳にするなら「ほら、その会社の例のパイロットたちだよ。」となるでしょう。

　ちなみに、この表彰のニュースのような特殊な背景がある場合は、They are the pilots working for our airline. という発言から、その航空会社のパイロット総数がわかってしまうようなことはありません。

　しかし、このクイズは、そんな特殊な背景がない状況

英語発想の根源を知ろう！　　79

での出題です。どうして、the があることで、パイロット総数が5人と決まるのでしょうか？ それを理解するためには、「the = その」という丸暗記を卒業する必要があります。こういう固定的な暗記は「動物 = キリン」と暗記するように危険なことです。**the のもっと根源的な意味は、the の後ろの名詞が「特定のどれ（誰）かに決まる」という意味**なのです。このことは the の後ろの名詞が単数の場合でも複数の場合でも同じです。

つまり、They are the pilots working for our airline. の中の pilots には the が付いているので、この pilots は、「どのパイロットたちかに決まる」という意味です。「武田さんと内藤さんと James さんと……」のように、特定の5人に決まる、という意味です。

世界中には何百人、何千人の pilots がいるでしょう。でも、後ろに working for our airline という条件で絞られているので、その the pilots が「特定の5人のパイロット」に決まるのでしょうか。

いえ、そんなことはありません。いくら、working for our airline という条件が付けられていても「特定の5人のパイロットに決まる」ためには、まだまだ条件不足です。例えば、その航空会社のパイロット総数が 50 人だったら、

どうでしょう？　テレビに5人映っていても、50人の中の「どの5人か」は不明です。「武田さんと内藤さんと……」のようには確定しません。

　つまり、our airline のパイロット総数が50人だとしたなら、ただ、テレビに5人映っていても「特定の5人のパイロットに決まる」わけではありません。だから、そのような場合には、the ナシで They are pilots working for our airline. と言うはずです。

　では、逆に考えれば5人が、「特定の5人のパイロットに決まる」とは、一体、どんな航空会社でしょう？

　5人の組合せが1組しかない航空会社です。そうです、パイロット総数が5人の航空会社だったら、テレビに映っている5人組は1組に決まります。**「その5人を連れてきて」と頼まれれば、「どの5人にしていいか」で迷うことはありません。**

　これが文字通り、「どのパイロットたちかに決まる」という意味です。だから、表彰のニュースなどで話題になっている5人でもない限り、5人を指差して、the pilots of our airline と言えば、その航空会社の「パイロット全員」を意味することになります。

　背景にある深い意味を知らないで、「the ＝ その」のように単純に暗記することはよくありません。でも、背景を

英語発想の根源を知ろう！

知ってしまってからの暗記なら、少しは意味があるでしょう。ただ、どうせ暗記するなら「the = その」よりも、「the = どれ（誰）に決まり！」と覚えましょう。

単語に the が付いているときは、単数でも複数でも、「それ持ってきて」または「その人連れてきて」と頼まれた場合、「どれかな？」や「どの人かな？」と迷う必要がないときなのです。これが the の根源的な意味です。

丸暗記コーナー 13 \最低10回は音読しよう!/

- Students from the school visited our company yesterday.（その学校の生徒たちが、きのう、我が社を訪問しました。）

- The students from the school visited our company yesterday.（意味1：その学校の生徒たち**全員**が、きのう、我が社を訪問しました。）

ただし、すでに「ある生徒たち」が話題になっているときは、当然、次の意味にもなります。（意味2：その学校の**あの**生徒たちが、きのう、我が社を訪問しました。）

英語の「数の世界」を知ろう!

飲食店での会話です。次の会話の中の下線部分に不自然な表現はあるでしょうか?

Tom: I want <u>something</u> to drink, too.
　　　(何か飲み物も欲しいな。)
Bill: OK, let's <u>order something</u>. How about <u>iced coffee</u>?
　　　(OK、じゃあ何か注文しよう。アイス・コーヒーはどう?)
Tom: <u>That'll be nice!</u>
　　　(いいね!)
Bill: Waiter, <u>two iced coffees</u>, please.
　　　(すみません、アイス・コーヒーを2つお願いします。)

解A14

Tom と Bill の会話に不自然なところはありません。

ちょっと怪しそうな部分に下線でマークしました。iced coffee は和製英語っぽいと感じるでしょう。確かにアイス・コーヒーの発明国、発祥の地は日本だそうです。で

英語発想の根源を知ろう!　83

も、アイス・コーヒーは iced coffee でよいのです。日本語と同じ ice coffee でも OK です。

order という動詞は買物などでの「発注」という意味もありますが、飲食店などでの「注文」にも普通に使えます。

That'll be nice! の表現が女性っぽいから男性が言うのは変、と思った人はいませんか？ そんなことはまったくありません。普通の表現です。米国人が That'll be lovely! とか言うなら、明らかに女性表現ですけれど。

<u>two iced coffees</u> が一番怪しいと感じたのではないでしょうか。two glasses of iced coffee と言いそうに思えます。「数えられる名詞」と「数えられない名詞」という分類を学校で習ったことをなんとなく覚えていませんか。「s」を付けて複数形にできるのは dog や book のような「数えられる名詞」だけだと。

でも注意して欲しいことは、1 個の単語が必ず、「数えられる方」か「数えられない方」かの、どちらか一方だけに分類されるわけではないということです。だから、「dog= 数えられる名詞」や「water= 数えられない名詞」と固定的に暗記するのは危険です。

ちょっと脱線しますが、英語のネイティヴ感覚を身に付けるために一番大切なことは、日常生活のカッコイイ表現を覚えることではありません。もちろん、すぐに使える生きた表現をたくさん覚えることはとても大切です。でも、それが一番大切なことではないのです。

　その前に、もっと大切なことがあります。**英語圏の人たちが住んでいる「感覚の世界」を知ること**です。私たち日本人の「感覚の世界」とどんな風に違っているのか、ということを先に知っておくと、自然な英語表現を身に付ける上で非常に役立つのです。英語圏の人々の「感覚の世界」で、私たち日本人の世界と一番違う点は、彼らが「数を気にする」という点です。

　例えば、日本語では「あっ！　あそこに馬が走ってる！」と言います。この表現は、1頭なのか、2頭以上なのかということをあまり気にしていません。ところが英語では、"Look over there! Horses are running!"と言い、「2頭以上の馬」ということを伝えます。1頭の場合は、"Look over there! A horse is running!"と言うでしょう。とにかく「1頭なのか、2頭以上なのか」をいつも気にす

るのが英語圏の人々の「感覚の世界」なのです。

　逆に、日本人の「感覚の世界」だけにあって、英語圏にはあまりない特徴もたくさんあります。例えば、私たちの「感覚の世界」の特徴として、上下関係を重視することがあります。だから、英語では、youの一言で済む言葉が、日本語では「あなた」「おまえ」「貴様」などと上下関係を表す豊富なバリエーションがあるわけです。

　とにかく、英語の感覚では「数を気にする」という特徴があるのです。このことに関連して、日本人にはどうでもいいようなことに感じられるのですが、英語では、すべての物に対し「数えられる」か「数えられない」か、ということを非常に意識します。その証拠に、英語圏の人が使う英語の辞書（つまり英英辞典）では、すべての名詞に「C」か「U」という記号が最初に付いています。

「C」は「数えられる」を意味する英語のcountableの頭文字です。「U」は「数えられない」を意味する英語のuncountableの頭文字です。

　dogは普通、1匹、2匹と数えるので一般的な意味での「犬」は、もちろん、「C」のcountable（数えられる名詞）です。しかし、辞書を細かく観察すると、同じ

dogでも「犬の肉」という特殊な意味の用法もあり、その場合は「U」のuncountable（数えられない名詞）となります。beefという肉の塊が「数えられない名詞」であるのと同じ感覚で、dogが「数えられない名詞」になることもあるのです。

単語によっては、その単語が使われるときの意味によって、「数えられる名詞」になったり、「数えられない名詞」になったり変化することがあるのです。

「犬の肉」ではちょっと特殊過ぎるので、もっと一般的な単語のbeer（ビール）で考えてみましょう。お店での店員さんに対する質問文のDo you have beer?（ビールあります?）でのbeerは「U」です。しかし、注文するときは、Two beers, please.（ビール2つお願いします。）と言うので「C」として使っています。どうやって使い分けるのでしょう?

その答えはすごく簡単です。beerという単語を使って話すときの自分の気持ちに忠実になればよいのです。あるお店に「ビールあります?」と質問しているときは「数える」気持ちがありますか? ないと思います。ただ単純に、「ウィスキー」ではなく「ワイン」でもなく「日本酒」でも

ない、種類としての「ビール」しか思い浮かべていないはずです。だから、この場合は beer を「U」として使うのです。

　一方、「ビール2つお願いします。」と言う場合は、ジョッキかグラスに入ったビール2杯を思い浮かべているはずです。だから、「C」の使い方になるのです。意外に単純だと感じませんか。

「辞書に『U』と書いてあるから、とか、『C』と書いてあるから」という理由に無理強いされて、「U」か「C」を使い分けるのではなく、自分のイメージに合わせて「U」か「C」を使い分けましょう。あなたの英語を支配するのは辞書や文法ではなくて、あなたの気持ちなのです。

　辞書は、「多くの人がこのように使っている」という現象を一時的に報告している、ただの「中間報告書」のようなものです。例えば、多くの人がある単語を辞書と違う使い方を始めたとしましょう。そんな場合、遅れているのは辞書の方であって、新しい使い方を始めた人が間違っているわけではありません。だから、辞書の細かい定義などはあまり気にせず、自分の気持ちに忠実に英語を使えばよいのです。気楽だと思いませんか。

ただの「光」を意味する light は「U」です。しかし、例えば、深夜、山中を歩いているとき、夜空に UFO らしき点在する光が見えたような状況を思い浮かべてください。点在する「光」なので、3つ、4つと数えられる状況です。そんなときは、

Look! Several lights are moving over there!
（見てごらん！　あっちに光が動いているのが見えるよ!）

と言い、light は「C」扱いされます。見える光を発言者が「数えられる意識」で話しているからです。
　一方、着陸している怪しい UFO に近づいたネイティヴの科学者は、

It gives out intense heat and light!
（かなり強い熱と光を放ってます!）

と言うかもしれません。このような状況では、その光を「数えられる意識」がないので、「U」扱いになるのです。
　結局、**「数えられる名詞」**か**「数えられない名詞」**かは、

「**辞書に忠実に**」ではなく、「**自分の気持ちに忠実に**」ということです。だから、一見、間違っていそうな two iced coffees という言い方は自然な英語なのです。

丸暗記コーナー 14 ＼最低10回は／音読しよう!

- Uncountable 用法：
  Do you have beer?（ビールあります？）

- Countable 用法：
  Two beers, please.（ビール2つお願いします。）

第3章

日本語発想の落とし穴に注意！

難易度：★★★☆☆

Q15 could は can の過去？

「きのう、渋谷で彼に会えたよ。」と言いたいとき、

I could see him in Shibuya yesterday.

という表現は日本人が言いそうですが、ネイティヴは言わない不自然な英語です。
次の訂正表現の候補の中に自然な英語はあるでしょうか？

候補A：Yesterday I could see him in Shibuya.
候補B：I could meet him in Shibuya yesterday.

解答 A15

ありません。2つとも不自然です。

　候補の訂正案を見る前に、クイズのオリジナルの英語表現のどこが不自然なのか、さっぱりわからないと思います。私たち日本人には自然な英語に見えてしまうからです。まず、結論から先に書けば、「きのう、渋谷で彼に会えたよ。」を表す自然な英語は次の通りです。

I was able to see him in Shibuya yesterday.

　be able to の表現を忘れた人は思い出してください。「できる」という表現には次の2つがあったような記憶がありませんか？　「フランス語を話せます」を言うには、次の2つの表現はどちらも自然でした。

I can speak French.
I'm able to speak French.

　上の2つの表現は、どちらを使っても問題ありません。ところが、このクイズは**過去を表現するときの「落とし穴」**の問題です。
　正しい表現では、なぜ、could が was able to に代わっているのでしょうか？　なんとなく、able を使う方が逆に不自然に感じませんか？
　could が間違いの理由は、**could は「能力の過去」には使えるのですが、「実際に行なったこと」には使えない**からです。少し、混乱すると思います。

★ could の用法：

　○：能力の過去
　×：実際に行なったこと

　なぜ、この2つの区別が日本人にとって「ややこしい」か、には理由があります。どちらも日本語では同じく「できた」と言うからです。
　could が意味する「能力」とは、「実際に行なったかどうか」には関係がありません。「やろうと思えばできた」という能力を意味しているだけなのです。
　could は、ある時間帯に能力をずっと持っていたという表現なのです。

○ He could speak three languages when he was only five.
（彼は、わずか5歳のときに3ヶ国語を話すことができた。）
←話そうと思えば話せた。

　この文は彼の能力を表しているだけなのです。ある具体的な日時、場所での「実際に行なった行為」を直接、

表してはいません。だから OK なのです。
　これに対し、次の表現は、ある具体的な日時、場所での「実際に行なった行為」を直接、表そうとしているので、could は駄目なのです。

× He could solve the famous math problem when he was only five.
（彼は、わずか5歳のときにその有名な数学の問題を解くことが<u>できた</u>。）←その問題を実際に解いた。

正しい表現は、こうなります。

○ He was able to solve the famous math problem when he was only five.

「きのう、渋谷で彼に会えたよ」とは、「能力」の方ではなく、「実際に行なった行為」の方なので、could が使えないわけです。

　ただ、日本人を混乱させるのですが、**否定文の場合に限り、couldn't は、「能力」と「実際に行なった行為」**

の両方の否定に使えます。正確に言えば「能力がなかったこと」と「実際にできなかった行為」の両方に使えます。

○ He couldn't speak three languages when he was five.
○ He couldn't solve the famous math problem when he was five.

一方、was（were）able to の方は、肯定文でも否定文でも、「能力」と「実際に行なった行為」の両方に使えます。

★ was（were）able to の用法：

　○：能力の過去
　○：実際に行なったこと

だから**過去を表現するときに迷った場合、could より was（were）able to を使う方が安全**と言えそうですね。

丸暗記コーナー 15 ＼最低10回は音読しよう!／

● (彼は、日本に来る前から日本語を話せたよ。) ←過去の能力
He <u>could</u> speak Japanese before he came to Japan.
He <u>was able to</u> speak Japanese before he came to Japan.

● (ゆうべはよく眠れたわ!) ←実際に行なったこと
○ I <u>was able to</u> sleep well last night!
× I <u>could</u> sleep well last night! (←音読しないでください)

● (ゆうべはよく眠れなかったんだ。) ←否定文
I <u>couldn't</u> sleep well last night.
I <u>wasn't able to</u> sleep well last night.

alreadyとyetの微妙な関係とは?

「あの映画、もう見た?」を意味したい英語

Have you already seen that movie?

は自然な英語でしょうか? との問いに、次のような意見があります。正しい意見はあるでしょうか?

意見A：already は最後に置くべき。
意見B：that ではなく、the を使うのが自然。
意見C：日常会話では、現在完了ではなく、ただの単純過去形の方が自然。

解答 A16

ありません。

「あの映画、もう見た?」の日本語の感覚に一番近い英語は

Have you seen that movie yet? です。

Have you already seen that movie? も完全な間違いとまでは言えません。

　しかし、already を含んだこの表現の正しいニュアンスは、「(驚きを込めて)えっ??　もうあの映画見ちゃったの??」となるので、「あの映画、もう見た?」と同じ意味とは言えません。

　この日本語の意味は、すでに見たか、見ていないかをただ単純に尋ねているだけだからです。

　日本語の「すでに」や「もう」を単純に表したい場合、「肯定文」の場合と「疑問文や否定文」の場合とでは、違う単語を使います。

▼肯定文の場合 → already
▼疑問文、否定文の場合 → yet

　このように覚えてください。ですから肯定文の「あの映画はもう見たよ」は

I have already seen that movie.

でまったく問題ありません。

日本語発想の落とし穴に注意!

また、否定文の「あの映画、まだ見てないよ」は、上のルールから当然、

I haven't seen that movie yet.

となります。

　疑問文で already を使うのは一般ルールではないので、普通の意味と違ってしまいます。疑問文の already は、「予想していた時間よりも早く」という意味になり、意外性の驚きを表すことになるのです。
　したがって、疑問文での already は、日本語の単純な「もう」とは意味が違ってくるので注意しましょう。

丸暗記コーナー 16 \最低10回は音読しよう!/

- Have you seen that movie yet?（あの映画、もう見た?）
- I haven't seen it yet.（それ、まだ見てないんだ。）
- I've already seen it.（それ、もう見たよ。）
- Have you already seen it?（ええーっ?? もう、それ見ちゃったの??）

現在進行形の意外な秘密

自然な英語はどれでしょう?

A: What are you doing yesterday?
B: What are you doing now?
C: What are you doing tomorrow?

解答17

自然で正しい英語は、表現BとCです。

　自然な英語は「表現Bだけ」ではありません。表現Cも自然な英語です。現在進行形というものを習った記憶があると思います。一番普通の「現在進行形」は、表現Bであることはおわかりでしょう。「今、何してるの?」と現在、進行していることを尋ねています。表現Aが明らかに間違いであることは説明するまでもないでしょう。

　表現Cを知らない人が時々いるので説明しましょう。表現Cのように、現在進行形で未来を表すこともできます。「未来」という言葉は、予測だったり、予定だったりと範囲が広いので、もっと具体的に言うと、**現在進行形で**

「**すでに決まっている予定、意志**」を表すことができます。be going to と同じように使えるのです。be going to と違い、**現在進行形では「予測」は表せません**から注意してください。

意図の予定：
○ He's going to visit Mr.Brown today.
（彼は今日、ブラウンさんを訪問することになってます。〜訪問するつもりです。）

確かな予測：
○ He's going to visit Mr.Brown today.
（彼は今日、ブラウンさんを訪問するはずです。【根拠に基づく予測】）

予定：
○ He's visiting Mr.Brown today.
（彼は今日、ブラウンさんを訪問することになってます。）

予測：
× He's visiting Mr.Brown today.

（彼は今日、ブラウンさんを訪問するでしょう。）

What are you doing tomorrow? は「明日、何すんの?」「明日、何か予定入ってる?」のような意味ですが、be going to を使っても同じ意味になります。

What are you going to do tomorrow?
(「明日、何すんの?」「明日、何か予定入ってる?」)

　ただ、少し細かい話をすると、「予定」を表す2つの表現「be going to」と「現在進行形」との間には、わずかな気持ちの違いがあります。

（来月、ゴルフするんだ。）
予定表現A：
I'm going to play golf next month.
（心の中だけの意図）

予定表現B：
I'm playing golf next month.
（すでにスケジュールされている）

上の2つの表現で違いを説明しましょう。表現Aの be going to の方は、例えば、「来月、ゴルフしたい」と心の中で思っただけの可能性もあります。つまり、心の中の「個人的意図」を話しているだけかもしれません。ゴルフ場を予約したりなどの具体的な行動、準備が何も行われていない場合にも使える表現です。

　一方、Bの**現在進行形の方は、例えば、具体的な日程も決まっていて、仕事とのスケジュール調整も終わっていて、一緒にプレーする友人も確保できていて、さらに、もちろん、ゴルフ場の予約も済んでいるようなニュアンス**です。
　だから、あえてこの2つの違いを訳し分けると次のような感じになります。

予定表現A：I'm going to play golf next month.
（来月、ゴルフしようと思うんだ。）

予定表現B：I'm playing golf next month.
（来月、ゴルフすることになってるんだ。）

最後に、「現在進行形で表す予定は、近い未来」という誤解を解いておきましょう。そんなことはありません。**現在進行形は「近い未来」専用の表現ではありません。**上記の例では、next month となっていますが、次の例のように、確かな予定なら、もっと遠い未来である next year にも使えます。

He's visiting France next year.（彼、来年、フランスに行くことになってます。）

丸暗記コーナー 17 ／最低10回は音読しよう！＼

What <u>are you doing</u> this evening?
（今晩、何か予定入ってる？）

I'm <u>having</u> dinner with her this evening.
（今晩は彼女と一緒に夕食なんだ。）

日本語発想の落とし穴に注意！

未来表現には will が必要？

A : I don't know if it will rain tomorrow.
　　（明日、雨が降るかどうかなんて知らないよ。）
B : I won't go if it will rain tomorrow.
　　（明日、雨なら行かない。）

この2つの文に関して2つの意見があります。正しいのは、どっちの意見でしょう。

意見1：if の節は、内容が未来のことでも現在形で言うのが正しいから両方とも間違いだよ。
意見2：なんとなくだけれど表現Aは正しそうで、表現Bは間違ってるかなー。

解答 18

正しいのは意見2です。

　まず、意見2のように、なぜ、表現Aが正しくて、表現Bが間違いなのかを考えてみましょう。その理由は if 以降の will の使い方にあります。結論から説明すると、表

現Aで will を使うのは正しくて、表現Bでは will を使っていることが間違いなのです。なぜなのでしょうか？

　それは、「明日、雨なら行かない。」を意味するには、will rain ではなく、普通、

I won't go if it rains tomorrow.

と現在形で言うからです。

　まず、一番最初に気づいて欲しいことは、表現AとBとでは、if の意味そのものがまったく違うことです。表現Bの if は、普通の「もし」という意味です。では、表現Aの if は、どういう意味でしょうか？　そうです、「かどうか」という意味で、もうちょっと堅い単語の whether と同じ意味です。

　つまり、表現Aの if 節（「節」とは「動詞が含まれる単語の固まり」のことです。）は、know の目的語になっています。「目的語」とは何でしょうか？　次の2つの表現を見てください。

I don't know her name.（彼女の名前を知りません。）

日本語発想の落とし穴に注意！

I don't know <u>if it will rain tomorrow.</u>（雨が降るかどうか知りません。）

　この2つの文の下線部分は、どちらも動詞 know の「目的語」で、同じ働きをしています。「彼女の名前」も「明日、雨が降るかどうか」も、両方とも「を知らない」の目的語という点で同じです。her name のような名詞と同じ働きをしているわけです。

　このように名詞のような働きをする if が作る節のことを「名詞節」と呼びます。条件を表す「もし」とはまったく違う使い方です。一方、条件を表す if 節のことは「条件節」と呼びます。

　この「かどうか」の意味で使う名詞節の if は、必ずしも未来のことばかりを表すとは限りません。

【過去】I don't know <u>if it rained yesterday.</u>
　　　（きのう雨が降ったかどうか知らない。）
【現在】I don't know <u>if it is raining now.</u>
　　　（今、雨が降っているかどうか知らない。）
【未来】I don't know <u>if it will rain tomorrow.</u>
　　　（明日、雨が降るかどうか知らない。）

名詞節の if は、「きのう」なのか「今」なのか「明日」なのかを if 節の中でハッキリと区別する必要があります。だから、未来のことを意味したければ will を使う必要があるわけです。

　一方、「もし」という条件を意味する普通の if の場合はどうでしょう？　条件節の if は、これから起こることを条件とするので、例外もありますが、ほとんどの場合、未来のことを指すことが多いわけです。過去なのか現在なのか未来なのかを区別する必要性が比較的低いので、will を使わなくてもよいのです。

　こんなことをあまりゴチャゴチャ考え過ぎると話せなくなるので、次のように考えましょう。

未来のことを if で言う場合、

　　名詞節（かどうか）なら　　→　未来形で
　　条件節（もし、…）なら　　→　現在形で

丸暗記コーナー 18 \ 最低10回は音読しよう! /

I don't know if he will go to the head office next week.
(彼が来週、本社へ行くかどうか知りません。)

If he comes tomorrow, I'll help him.
(明日、彼が来るんなら、彼を手伝うよ。)

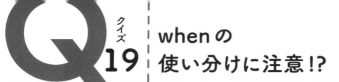

Q19 whenの使い分けに注意!?

次の表現AとBの意味の違いがわかりますか？

A : Please let me know when he <u>comes</u> next week.
B : Please let me know when he <u>will come</u> next week.

※ "let me know" は「私に知らせて」という意味です。

A19 解答

A：来週、彼が来たら知らせてください。
B：来週、彼がいつ来るか、（今、）知らせてください。

違いがわかるでしょうか。このクイズは、名詞節のifと条件節のifの違いを学んだクイズ18（P.106）の続編のようなクイズです。

表現AとBの違いはwhen節の中が現在形か未来形か、という違いです。クイズ18のように、それぞれのwhen節の意味を確認しましょう。

日本語発想の落とし穴に注意！

表現Aの方のwhen節は、「〜のとき」という意味です。つまり、let me knowという行為を「いつして欲しいか」という意味を添えています。次の2つの文を比べてください。

Please let me know when he comes next week.
（来週、彼が来たときに知らせてください。）
「何を?」は不明。恐らく「彼が来たこと」を知らせて欲しいことは、状況から推測できます。

Please let me know tomorrow afternoon.
（明日の午後、知らせてください。）
同じく「何を?」は不明。

　上の2つの表現の下線部分は、両方とも、knowの目的語でないことはわかると思います。この2つの文には、どちらも「何を?」を説明するknowの目的語がないのです。だから、「何を知らせて欲しいか」に関しては明言されていません。
　下線部分が目的語ではないのなら、どんな働きをしているのでしょう。両方とも、下線部分はlet me knowと

いう行為を「いつ」して欲しいかを表している点で同じ働きをしています。むずかしく言えば、「時を表す副詞」の働きです。ですから、このような when 節は「副詞節」と呼ばれています。クイズ 18 で学んだ if の条件節も副詞節の一種です。

話しがややこしくなってきたので、まとめましょう。表現Aでの**副詞節の when 節は、if のときと同様、未来のことを意味する場合でも現在形で表現します。**

次に表現Bを考えましょう。やはり、下の2つの表現を比べてください。

Please let me know when he will come next week.
（彼が来週、いつ来るか教えてください。）
Please let me know her name.
（彼女の名前を教えてください。）

この2つの表現の下線部分は、今度はどちらも know の目的語です。下線部分で「何を」知らせて欲しいかを表しています。この when 節は、her name のような名詞

と同じ働きをしているので名詞節と呼ばれています。クイズ18で学んだif節と同様、**名詞節のwhen節では、未来のことを表す場合、未来形を使います。**

まとめると、whenでも、未来のことを言うときは、

名詞節（いつなのか）なら　→　未来形で
副詞節（〜のとき）なら　　→　現在形で

丸暗記コーナー 19 ＼最低10回は音読しよう！／

- Please let me know when you leave Japan next month.（来月、日本を発つときは、〈そのとき〉知らせてくださいね。）

- Please let me know when you will leave Japan next month.（来月、いつ日本を発つかを〈今〉教えてください。）

「私の友だち」は my friend?

「彼は僕の友だちです。」を意味したい場合、次のどちらかに不自然な表現はあるでしょうか。

A : He is my friend.
B : He is a friend of mine.

解答 20

ありません。どちらも自然な表現です。

クイズ13（P.78）で the の意味の勉強をしました。the pilots working for our airline という表現は、「私たちの航空会社のパイロット全員」という意味になりうることを学びました。

ところで、my、his、her のような言葉には、あの the と同じ意味が含まれることがあります。このことを理由に表現Aの He is my friend. の表現に関して、「彼は、僕の友だちの全員です。」つまり、「彼は、僕の**たった1人の友だちです。**」という意味になってしまうという説があります。

日本語発想の落とし穴に注意！ 115

結論から先に言ってしまえば、そんなことはありません。大勢の友だちを持っている普通の人でも、1人の男性を指さして、あるいは1人の男性を話題にして、「He is my friend.」と言うのは自然な表現です。同じく、表現Bもまったく自然な英語です。

　ただ、細かいことを言えば、表現AとBとの間には、ほんの少しだけ、意味の違いもあります。**表現Aは1つのことを表現しているのに対し、表現Bは2つのことを表現している**点です。2つのこととは次の通りです。

（1）僕と彼との関係は（敵対関係や親子関係や師弟関係ではなく、）友だち関係です
（2）僕には**1人以上**の友だちがいます。

表現Aの意味　→　（1）だけ
表現Bの意味　→　（1）と（2）の両方

　本書がいつもやるように、この違いをハッキリと表すような和訳を考えてみましょう。どうしても少し不自然な日本語になってしまいますが、英語表現自体はどちらも自然なので、この点は誤解しないでください。

A : He is my friend.
　　（彼は僕の友だちです。）

B : He is a friend of mine.
　　（彼は僕の友だちの1人です。）

　意外にそれほど不自然な日本語になりませんでした。つまり、表現Bの発言者と違い、表現Aの発言者は友だちをたった1人しか持っていないのか、それとも、普通に2人以上の友だちを持っているのかが不明です。これが、表現Aと表現Bとのわずかな違いなのです。

丸暗記コーナー 20 ＼最低10回は音読しよう!／

次の発言は両方とも米国人女性の発言です。

Kenji is my boyfriend.
（健二は私の「彼」よ。）

Kenji is a boyfriend of mine.
（健二は、ただの友だちよ。）

第4章

微妙なニュアンスを使い分けよう！

難易度：★★★★☆

mustとhave toの微妙な違いとは？

「あなたの髪、切ってもらいなさいよ。だって……（理由）」を意味する次の表現AとBですが、それぞれの表現に自然に続くのは（1）と（2）のどちらでしょうか？

A: You <u>must</u> have your hair cut ...
B: You <u>have to</u> have your hair cut ...

（1）: because I don't like the haircut.
　　　（だって、その髪型、嫌いだから。）
（2）: because you'll have an interview for a new job on Friday.（だって、金曜に新しい仕事の面接があるんでしょう。）

解答21

A → （1）　　　B → （2）
と続くのが自然です。

このクイズは「しなければならない」の義務を表す must と have to の微妙な感覚の違いを意識してもらうための

問題です。正解できた人は理由を説明できますか？

　どちらかと言えば、must は、「発言者の事情」に関連する義務を表します。一方、have to は、どちらかと言えば、逆に「発言者と無関係な周囲の事情」に関連する義務を表します。(1) の「その髪型は嫌いだから」は発言者の事情です。一方、「金曜に新しい仕事の面接があるから」の方は発言者の事情ではありません。

must 　　→「発言者個人の事情」からの義務
have to →「発言者と無関係な周囲の事情」からの義務

　このクイズの (1) の理由「その髪型が嫌いだから」というのは自分勝手のように感じませんか？
　ですから、must に関しては、次のように誇張して覚えると記憶しやすいかもしれません。must の主語を自分（I や we）以外に使うと、発言者の自分勝手な**命令に近い気持ち**と覚えてもよいでしょう。
　だから、表現Aの、

You must have your hair cut because I don't like the haircut.

は「その髪型嫌いだから、切ってもらいなよ。」のような、おせっかいな命令に近いことになります。つまり、**他人のことに関して言う場合、have to を使う方が安全**と言えるかもしれません。

　ただ、親しい間柄どうしの場合や、物をすすめる場合の must には、おせっかいな雰囲気はありません。

You <u>must</u> come and see us again soon!
(また、すぐに遊びに来てね！)
You <u>must</u> try this beer!
(このビールは絶対、飲まなくっちゃ！)

　ただ、誤解して欲しくないことは、主語が自分（I や we）の場合でも、次の原則は変わらない点です。

must 　　→「発言者個人の事情」からの義務
have to →「発言者と無関係な周囲の事情」からの義務

発言者の事情：I must go now because I'm very sleepy.
　　　　　　（とても眠いので、もう帰ります。）
周囲の事情：I have to go now because everybody is waiting for me.
　　　　　　（みんなが待ってるので、もう帰ります。）

　とはいえ、must と have to の違いによる使い分けに関して、それほど神経質になる必要はありません。違いは、「どちらかと言えば」という程度です。普通の会話なら、気軽にどちらを使ってもよいのです。**目上の人に向かって You must と言うようなときだけ慎重になればよいのです**。そんなときだけ、You must がおせっかいな命令調にならないように注意しましょう。

　must と have to の微妙な気持ちの違いを説明してきました。ただし、can や may などと違い、must という単語には過去形などがありません。だから、must を含んだ表現を過去形や未来形に変えるには、どうしても have to の助けが必要になります。そんなときは「微妙な違い」のことは忘れても構いません。
　例えば、I must meet him.（彼に会わなくてはいけない。）

を過去形や未来形に変える場合は、

I had to meet him.（彼に会わなくてはいけなかった。）
または、
I'll have to meet him.（彼に会わなくてはいけなくなるでしょう。）

と言うことになります。

　最後に、「義務」の意味ではなく、「に違いない」の推測を意味する場合でも、must だけではなく、have to も使えることを忘れないでください。

He must be in Fukuoka by now.
（彼、今頃、きっと福岡に着いてるよ。）
He has to be in Fukuoka by now.
（彼、今頃、きっと福岡に着いてるよ。）

　この「推測」の意味の場合でも、どちらかと言えば、次のようなニュアンスの違いがあります。

must → 発言者の個人的判断

have to → 発言者以外の周辺状況からの判断

丸暗記コーナー 21 \最低10回は音読しよう!/

- You <u>must</u> leave now. I want you to meet him as soon as possible.

 (もう、出発しなくっちゃ。なるべく早く彼に会ってもらいたいんだよ。)

- You <u>have to</u> leave now, or you'll miss the last train.

 (もう、出発したほうがいいよ。最終電車を逃しちゃうよ。)

微妙なニュアンスを使い分けよう!

Q22 犬なのかロバなのかを考えよう

「アメリカに行かせた。」と和訳される次の2つの表現があります。アメリカに行きたがっていたのは Jack でしょうか、Tom でしょうか？

A：I let Jack go to the States.
B：I made Tom go to the States.

解答 A22

Jack です。

　この2つの表現は、どちらも「アメリカに行かせた」と訳されますが、let と made では意味がかなり違います。
　let という動詞は元々「許可する」や「放つ」という意味を持ちます。「許可する」ですから、表現Aでは Jack 自身がアメリカに行きたがっていた状況がわかります。それを「許可した」let なのです。「アメリカに行きたがっていることを許可した」を短く和訳して「アメリカに行かせた」と言っているのです。

リード（ひも）でつないだ犬と散歩している状況を思い浮かべてください。そのとき、犬が突然、ある方向へ強く行きたがり、そのリードを強く引っ張ったとしましょう。「let ＋人＋動詞」は、感覚的には、こんな状況であなたが握っていたリードをそっと放す感覚です。リードを放された犬は、勝手に自分で行きたい方向に走っていくでしょう。そこには「強制」の雰囲気はありません。

　この状況の犬と表現AのJackとは同じ心理です。強制されてではなく、許可されれば自分で勝手にアメリカに行ってしまいます。

　一方、表現BのI made Tom go to the States. では、「無理矢理に」とまでは言い切れませんが、少なくともTom自身がアメリカに行きたがっている気配はありません。場合によっては、Tomがアメリカ行きに抵抗しているような状況でも使える表現です。

　このTomの心理は、今度は路上で立ち止まって動こうとしないロバのようなものです。動こうとしないロバを前へ歩かせようと、後ろからロバのお尻を押す感覚が表現Bのmakeなのです。

makeで確かにわかることは「トムが行きたがっている」という状況ではないことです。例えば、上司が部下のトムに普通に米国出張を命じたような場合にも、I made Tom go to the States. と言うのは自然です。ただ、makeを使う場合、一般的にはTomがアメリカ行きを嫌がっているという意味になります。

　makeより、もっとTomがアメリカ行きを嫌がっていたことを確実に示すのがforceやcompelなどの動詞です。動詞の「to不定詞」を使う点が異なりますが、「無理矢理に」や「強引に」の意味がmakeより確実になります。

I forced Tom to go to the States.
(トムを無理矢理、アメリカへ行かせた。)

　このletとmadeの正反対の感覚を無理に和訳すれば次のような感じになるでしょう。

A : I let Jack go to the States.
(ジャックがアメリカに行きたがってたので承諾したよ。)
B : I made Tom go to the States.

（嫌がるトムをなんとかアメリカに行かせたよ。）

　でも、この2つの異なる表現は、もっと簡単に「アメリカに行かせた」と和訳されるのが普通です。でも、「人にさせる」と言うときは、散歩中に暴れだした犬に近いのか、路上で立ち止まったロバに近いのかを考えて、正しく使い分けましょう。

丸暗記コーナー 22　　最低10回は音読しよう!

（母が私を町に買い物に行かせた。）

- Mother made me go shopping in town.
  （※嫌だったけれど行かされた。）
- Mother let me go shopping in town.
  （※私自身が行きたかった。）
- Mother forced me to go shopping in town.
  （※嫌がる私を無理矢理行かせた。）

「上司をアメリカに行かせたよ」、本当!?

I had Charley go to the States.（私はCharleyをアメリカに行かせた。）

Charleyはアメリカに行きたがっていたでしょうか？

不明です。

　クイズ22（P.126）でも見てきたmakeやletのように、haveにも同じような「人にさせる」という意味があります。本書では、こうした動詞を私の造語として「**させ動詞**」と呼ぶことにしましょう。よく、この「させ動詞」に関して、haveはletとmakeの中間だ、というような教え方があります。つまり、

I let Jack go to the States.
I had Charley go to the States.
I made Tom go to the States.

これらを比べた場合、アメリカに本人が行きたがっていた度合いに関し、Charley は Jack と Tom の中間だ、という覚えやすい教え方です。Jack は本人が行きたがっていて、Tom は特に行きたがっていなかったわけです。Charley がその中間とは、どんな意味でしょうか？

　結論から言ってしまえば、**「させ動詞」の have を使う場合、Charley のような「させられる人」が、その行為を「本人がしたかったか、したくなかったか」に関しては、特別な意味は込められていません。**つまり、不明です。中間というよりは、make や let と違って、「本人がしたかったか、したくなかったか」ということを表現していない、ただそれだけなのです。

I had Charley go to the States.

の意味を正確に和訳しても make や let と違い、「私は Charley をアメリカに行かせた。」あるいは「私は Charley にアメリカに行ってもらった。」以上の意味は出てきません。

　ただし、「させ動詞」として have を使うとき、1つだけ

注意しなければならないことがあります。それは、主語の人が「させられる人」の上位者の場合にだけ使う、という点です。

上位者とは、例えば、部下に対しては上司のような人です。つまり、当然、「させられる人」に命令する権利を持っている人です。

「させ動詞」have の主語は「権利者」と言ってもいいかもしれません。「上位者」「権利者」とは、他の例で言えば、食事か買い物に来た店の店員さんに対し、「お客様」も該当します。お金を払う代わりに「お客様」は店員さんに何かのサービスを当然「してもらう権利」を持っている人だからです。

have を使うとき、この権利者や上位者以外を主語にすると、場合によっては、失礼な表現、奇妙な表現、傲慢な表現になることがあるので要注意です。

ですから、**「させ動詞」have の感覚は、相手に「命令して」させる**、と覚えておくと便利です。

× I had my boss go to the States.
(〈命令して〉上司をアメリカに行かせた。)

同僚どうしの会話

I had my boss go to the States.
(〈命令して〉上司をアメリカに行かせた。)

　現実の世界では、このような状況は起こるにしても、例外的な状況を除いては、このような表現では、普通、傲慢か失礼か、あるいは奇妙です。

× The student had his teacher repair the radio.
（その生徒は〈命令して〉先生にそのラジオを直させた。）

　しかし、上記の2つの文のような傲慢な意味は表したくはないものの、「(僕の代わりに)上司にアメリカに行ってもらったよ。」とか「その生徒は先生にそのラジオを直し

微妙なニュアンスを使い分けよう！　133

てもらった。」と言いたい状況は普通にあるわけです。そんなときは便利な「させ動詞」があります。それは get です。**get の場合、主語と「させられる人」との間に特別な上下関係を感じさせないので、安心して使えます。**

　get の場合、主語が上位者であるような雰囲気がないので、「命令して」のような意味が含まれません。「命令して」とは逆に「（丁寧に）頼んで」の意味が添えられると考えればよいでしょう。
　だから、get の主語を下位者にしても失礼ではなく自然な表現になるのです。「頼んでしてもらう」という感覚だからです。

　させ動詞の have と比べてみた場合、次の違いがあります。

△ I had him go.　→　行かせた。
　（I が him より下位者の場合、奇妙）
○ I got him to go.　→　行ってもらった。
　（I が him より下位者でも自然）

○ I got my boss to go to the States.
（〈頼んで〉上司にアメリカに行ってもらった。）

○ The student got his teacher to repair the radio.
（その生徒は〈頼んで〉先生にそのラジオを直してもらった。）

誤解して欲しくないことは、get は、下位者ではなく上位者を主語にしても違和感はないという点です。

だから、「させ動詞」の have で傲慢な表現になってしまうことを避けたい場合、つねに get を使う、という作戦もいいかもしれません。

丸暗記コーナー 23 ＼最低10回は音読しよう！／

● I had Fujita-san go to Ikebukuro.
（〈命令して〉藤田さんを池袋に行かせた。）

● I got Fujita-san to go to Ikebukuro.
（〈頼んで〉藤田さんに池袋に行ってもらった。）

「伝える」は telling？
それとも to tell？

「彼にその話を伝えるのを忘れないでね。（忘れずに彼に伝えてね）」とネイティヴに言いたくて、
Don't forget telling him the story.
と言ったら、ネイティヴは
What? Which story? I didn't tell him anything.
（えっ？ どの話？ 私、彼に何も話してないよ。）
と反応しました。なぜでしょうか？

解答 24

ネイティヴが「彼にその話を<u>伝えたこと</u>を忘れないでね。」と言われたと思ったからです。

　forget が動詞を目的語とする場合、過去と未来で使い分ける必要があります。

過去のこと　→　telling the story（動名詞）
未来のこと　→　to tell the story（不定詞）

　つまり、「彼にその話を伝えるのを忘れないでね。」と

言いたければ、

Don't forget to tell him the story.

と言うべきだったのです。

　Don't forget telling him the story. は「彼に（あなたが）その話を**伝えた**ことを忘れないでね。」のように「過去のこと」を忘れるな、という意味になるのです。
　forget 以外にも、動名詞（ing 形）と to 不定詞の両方が目的語になるような動詞はいろいろあります。例えば、remember もそうです。必ずとまでは言い切れませんが、どちらを使うべきかで迷った場合、**過去のことなら動名詞、未来のことなら不定詞**、と考えると当たる確率が高くなります。

過去：I remember locking the door last night.
　　　（確かに昨晩、鍵はかけたよ。）
未来：I remember to lock the door tonight.
　　　（今晩、鍵をかけることは覚えてるよ。）

ただ、目的語が動名詞でも不定詞でも意味が同じになる動詞も多いので、「動名詞→過去」、「不定詞→未来」を絶対的なルールとして単純暗記しないでください。

She continued singing after the event.
She continued to sing after the event.

は、どちらも同じ「そのイベントの後も彼女は歌い続けた。」という意味です。

I hate walking under the hot sun.
I hate to walk under the hot sun.

　このケースも、どちらも同じ「かんかん照りのとき歩くの大嫌い。」という意味です。

丸暗記コーナー 24 — 最低10回は音読しよう!

- Please remember to post it on the way to the station.

  (駅に行く途中でそれを投函するのを忘れないでね。)

- Please remember posting it on the way to the station.

  (駅に行く途中でそれを投函したことを忘れないでね。)

- I started learning English conversation that year.

  (私は、その年、英会話の勉強を始めました。)

- I started to learn English conversation that year.

  (私は、その年、英会話の勉強を始めました。)

「昔はよくしたよ」と回想する場合

Tom: I used to play tennis on Sunday afternoons.
James: I would often play tennis on Sunday afternoons.

昔を回想している Tom と James ですが、現在、もう、日曜の午後にテニスをしていない可能性が高いのは Tom でしょうか、James でしょうか？

Tom です。

　理由は単純です。used to も would often も両方とも過去の習慣である「……をよくしたものだ」を意味するのですが、違いがあります。それは、**used to の方は現在と比較して、「現在はもう違うけれど……」という気持ちが込められている**点です。

　一方、would often の方は、そもそも「現在と比較する気持ち」がありません。つまり、「現在はもう違うけれど

……」という気持ちが入っていません。だから、used to と言っている Tom の方が、現在はもう、日曜の午後にテニスをしていない可能性が James より高いのです。

「現在はもう違うけれど……」という気持ちの「ある・なし」以外にも、used to と would often には他に違いがもう1つだけあります。それは、used to は点動詞にも線動詞にも使えますが、would often は線動詞には使えない、という点です。

○ I used to have a midnight snack.〈点動詞〉
　（よく夜食を食べたものだ。）
○ I used to live in Hawaii.〈線動詞〉
　（昔はハワイに住んでいました。）
○ I would often have a midnight snack.〈点動詞〉
× I would often live in Hawaii.〈線動詞〉

　つまり、「……をよくしたものだ」の would often は線動詞には使えないのです。

丸暗記コーナー 25 　＼最低10回は音読しよう!／

- He <u>used to</u> go to the skating rink after work.
  （彼は仕事帰りによくそのスケート場に行ったものです。）
  ←今はもうしていない。

- He <u>would often</u> go to the skating rink after work.
  （彼は仕事帰りによくそのスケート場に行ったものです。）
  ←今もしているかもしれない。

Q26 「息継ぎ」だけで、意味がガラッと変わる！

Frank: I have two cameras, which I bought in Hong Kong.

Billy: I have two cameras which I bought in Hong Kong.

本書は「書き言葉」ではなく、すべて「話し言葉」だけを対象にしているので、Frank の発言の中のカンマ「,」は、発言するときの「息継ぎ」または「一呼吸」と理解してください。

つまり、Frank は two cameras まで発声したあと、ほんの一瞬休んでから、残りの which I bought... を発言したと理解してください。一方、Billy は、cameras と which の間に呼吸を入れず、一気に発声したと解釈してください。

ここで問題です。カメラを2台しか持っていないのは、Frank でしょうか、Billy でしょうか？

Frank です。

微妙なニュアンスを使い分けよう！

なぜでしょう？　なぜなら、Frank は I have two cameras, で一辺、気持ちが完結しているからです。カメラを5台持っている人が「僕はカメラを2台持っています。」とは言わないからです。

では、Frank が which I bought... と続けている部分は何なのでしょうか？　一休みしてからの、この which 以降の部分は、その後、思いついて、「それでね……」のように、付け足している部分です。最初は、ただ、「カメラを2台持っている」ことだけを言いたくて発言し、その後、思いついたことを which でダラダラと付け足しているのです。

だから、Frank の気持ちに忠実に、which だけを和訳すれば、

Frank: I have two cameras.（それでね、そういえば）
　　　 I bought them in Hong Kong.

という気持ちです。だから、Frank はカメラを2台しか持っていません。

では、Billy はどうでしょう。two cameras which I bought... の部分を一気に発声しています。これは、初

めから「香港で買った2台のカメラ」を思い浮かべての発言です。自分の持っている全部のカメラの台数を述べている気持ちではないのです。

　Billy: I have two cameras which I bought in Hong Kong. の全体の気持ちは「香港で買ったカメラを2台持ってるんだけどね……」のような感覚です。

「香港で買った2台のカメラは、日本で買った他の3台のカメラよりずっと安いよ……」のような話に発展する可能性もあります。例えば、

Billy: I have two cameras which I bought in Hong Kong. I have three other cameras which I bought in Japan.

と言える可能性があります。

　つまり、Billy の I have two cameras which I bought in Hong Kong. という発言は、自分の持っている多くのカメラのうち「ある特定の2台」の話なのです。「どんな特定なのか」を which 以降で説明しているのです。「ある特定の2台」の話なら、例えば、次のように Billy が発言したのと同じです。

Billy: I have two digital cameras.

　わかりやすい日本語に和訳すると「デジカメは2台持ってます」という気持ちです。だから、デジカメではない光学カメラを他に持っている可能性が残ります。digital という形容詞でも、which 節の説明でも、とにかく「ある条件に限定する発言」は、その条件以外の可能性が残るので、Billy がカメラを2台しか持っていないとは断定できないのです。

　一方、Frank は条件を付けないで一度、「カメラを2台持ってるんだ」と言い切っています。条件で限定していないので、自動的に「自分の持っている全部のカメラは2台」という意味になるのです。

　最後に、カンマのない which、つまり、一息つかない which を意味したい場合、会話では that を使うことの方が多く、さらに that も省略されることが多いことを付け加えておきましょう。だから、Billy の発言をもっと自然にすれば次のようになるでしょう。Frank の発言は変わりません。

Frank: I have two cameras, which I bought in Hong Kong.

Billy: I have two cameras (that) I bought in Hong Kong.

丸暗記コーナー 26 \最低10回は音読しよう!/

who の前の「,」は発声での「一休み」を意味します。

● He has two sisters, who work in his hometown.
（彼には2人の姉妹がいて、2人とも彼の地元で働いているんだって。）

● He has two sisters who work in his hometown.
（彼には、彼の地元で働いている姉妹が2人いるんだって。）
彼の地元以外に住んでいる他の姉妹がいるかもしれませんし、社会人ではなく、まだ学生で勉強中の姉妹が他にいるかもしれません。

微妙なニュアンスを使い分けよう!

起点となるのは「現在」? それとも……

「3週間後にまた会いましょう!」を意味したい次の表現の違いは何でしょうか?

A : See you again in three weeks!
B : See you again three weeks later!

解A27

表現Aは正しく、表現Bが間違いである点が違います。

　表現Bは「3週間後にまた会いましょう!」という意味にならないだけではなく、この言い方自体が成立しない表現なのです。日本語で言えば、例えば、「私は、来年、北海道に行ってきました。」という表現が成立しないのと同じです。

　結論から言えば、「時点」を表す in と later では、次の違いがあります。

in　→　現在を起点としている。

later　→　現在ではなく、話題になっている「ある時点」を起点としている。

この表現だけではわかりにくいので補足説明しましょう。

A : See you again in three weeks!

のように、in が意味する「3週間後」とは、いつも必ず、正確には「今から3週間後」という意味です。つまり、in が表す「時点」とは、必ず未来になります。

一方、three weeks later の「3週間後」とは、正確には「その時から3週間後」という意味です。「その時」は過去の時点でも未来の時点でも、どちらでも OK です。

(1) : × See you again three weeks later!
　　　（3週間後に再会しましょう！）
(2) : ○ I saw him in Tokyo last year and saw him again three weeks later in New York.
　　　（彼には去年、東京で会って、3週間後にニューヨークでも会ったよ。）

微妙なニュアンスを使い分けよう！

(3):○ I'm going to see him in Tokyo next year and to see him again <u>three weeks later</u> in New York.
（彼とは来年、東京で会うことになってて、<u>3週間後</u>にニューヨークでも会うよ。）

上のlaterを使う3つの表現は「いつの時点」から「3週間後」と意味したいのでしょうか？ それは次のようにまとめられます。

(1)：× → 現在から
(2)：○ → 過去のある時点から
(3)：○ → 未来のある時点から

以上からわかるように、**laterは「現在から」だけには使えない**のです。その代わり、「ある時点」は過去でも未来でも、どちらでもよいのです。「現在から」を言いたい場合はlaterではなく、inを使いましょう。

「現在から」にlaterを使えないことを学びましたが、

See you again in three weeks!
(3週間後にまた会いましょう！)

「現在から」にも使える例外があります。それは、later を単独で使う場合です。

○ See you again later!（また、後でね!）

later を単独で使う場合に限り、「今から後で」の意味になります。

丸暗記コーナー 27

\\ 最低10回は音読しよう! /

- I'm going to quit my job in two months.
  (2ヶ月後に会社辞めるよ。)

- My boss was promoted last month, and I was also promoted a week later.
  (上司が先月、昇進したんだけど、私も1週間後に昇進したのよ。)

- We're going to go to Osaka next Monday, and leave for Hakata two days later.
  (私たちは来週の月曜に大阪に行き、2日後に博多に発つ予定です。)

- I'll let you know later.
  (後で知らせるよ。)

第5章

これで完璧、自然な英語！

難易度：★★★★★

manyとmuchの意外な制約

We drank much beer when we stayed in Berlin.
(ベルリン滞在中、私たち、ビールはかなり飲んだよ。)

この表現に誤りはあるでしょうか?

会話なら、この表現で much を使うのは不自然です。

自然な表現は We drank <u>a lot of</u> beer when we stayed in Berlin. です。「数や量が多い」を意味する **many や much は、普通、会話表現なら否定文や疑問文専用の表現**なのです。

例外を除いて肯定文で使うのは不自然です。肯定文で many や much を使える例外は次の2つの場合です。

(1) 主語に使う場合

<u>Much</u> money was spent on the plan.
(その計画には多額の費用が投じられた。)

(2) too, so, such, as, how などと一緒に使われる場合

154

The TV program impressed so <u>many</u> people.
(そのテレビ番組は実に多くの人々を感動させた。)

many や much は、会話では疑問文・否定文専用ですから、もちろん、次のような表現はまったく自然です。

Did you drink <u>much</u> beer when you stayed in Berlin?
I didn't drink <u>much</u> beer when I stayed in Berlin.

many や much は、会話では疑問文、否定文専用という原則を覚えておきましょう。ただ、a lot of は、いつ使っても自然なので、**迷ったら a lot of を使うのが一番安全**と言えるでしょう。

丸暗記コーナー 28 　\最低10回は音読しよう!/

- Did you drink much wine in France?

 （フランスでワインはたくさん飲んだ？）

- I didn't drink much wine in France.

 （フランスでワインはそんなに飲まなかったよ。）

- I drank a lot of wine in France.

 （フランスでワインはかなり飲んだよ。）

現在完了形は、もういらない!?

「富士山見たことある?」と言いたくて、ネイティヴに
Have you ever seen Mt. Fuji?
と言わずに、
Did you ever see Mt. Fuji?
と言ってしまいました。ネイティヴは、どういう意味に解釈するでしょうか?

解答 A29

「富士山見たことある?」と解釈します。

　つまり、Have you ever seen Mt. Fuji? と同じ意味に解釈します。
　普通、経験を表す場合は「have+ 過去分詞」という形の現在完了形を使うと習いました。でも、ever の「いつでもいいんだけど」の意味が経験を表しているので、**会話などでは、過去形に ever や never を使うと、自動的に「経験」を表す現在完了形と同じ意味になります。**

これで完璧、自然な英語!　157

Did you ever visit Hokkaido?
(北海道へ行ったことある?)
I never ate a pizza.
(ピザって食べたことないんだ。)

　これらは、次の2つの現在完了形と同じ意味になります。

Have you ever visited Hokkaido?
(北海道へ行ったことある?)
I've never eaten a pizza.
(ピザって食べたことないんだ。)

　だから、会話中に「経験」を意味したい場合、everやneverを使えば、単純過去形でも現在完了形でも、どちらでも好きな方を使っていいことになります。
　ただし、これらはあくまで本物の会話では、という意味です。試験などでは、くだけた表現が認められないこともあります。スピーキング試験などでは現在完了形を使いましょう。

丸暗記コーナー 29 　＼最低10回は音読しよう！／

- Have you ever seen a ghost?
  (幽霊見たことある？)
- Did you ever see a ghost?
  (幽霊見たことある？)

- I've never seen London Bridge.
  (ロンドン橋って見たことないんだ。)
- I never saw London Bridge.
  (ロンドン橋って見たことないんだ。)

I'm loving her. で気持ちは伝わる？

次の中で自然で正しい英語はどれでしょう？

A : I was having a very good time then.
　　（そのとき、すごく楽しんでました。）
B : He's knowing her very well.
　　（彼は、彼女のことをとてもよく知ってます。）
C : She's having blue eyes.
　　（彼女の目は青いんです。）

解答 30

表現Aだけが自然で正しい英語です。

　このクイズは現在進行形に関する問題です。クイズ 17 （P.101）で紹介した進行形は「すでに決まっている予定、意志」の表現でした。
　しかし、このクイズでは、「継続動作」を意味する、文字通り、現在進行中の動作を表す表現を考えます。一番普通の「現在進行形」の意味をもう一度考えてみましょう。

まず理解して欲しい大原則は、**線動詞には元々、「継続」の意味が含まれているので、継続を意味するために、「進行形」を作る必要がない**ということです。

○ He knows her very well.

この know は線動詞です。つまり、進行形は作れません。

× He is knowing her very well.

know（知っている）のような「線動詞」は元々、「線の気持ち」を表す動詞です。だから、「線の気持ち」を表すために、わざわざ現在進行形にする必要がないのです。だから、表現Bの He's knowing her very well. は不自然な英語です。

He knows her very well. だけで、すでに「線の気持ち」が十分、表現されているからです。

しかし、I'm living in Hokkaido.（北海道に住んでいます。）のように例外的に線動詞（live）で進行形を作れる場合もあります。ただ、これは、意味の上で、I live in Hokkaido. と大きな違いはありません。したがって、「線

動詞は進行形を作れない」と覚えるよりも、「**線動詞は進行形を作る必要がない**」と考えましょう。

○ I had a very good time then.

　この表現のhadは、「楽しむ」という動詞enjoyの気持ちに近い点動詞です。その場合は、点動詞に「継続」の意味を持たせるための進行形はOKです。

○ I was having a very good time then.

　ややこしいことは、「この動詞は点動詞」「この動詞は線動詞」のように、動詞によって点動詞なのか線動詞なのかが固定的に決められていないことです。1つの同じ動詞が意味によって、点動詞になったり、線動詞になったりすることもあります。

　このクイズの表現AとCは、どちらもhave動詞です。haveは意味によって、線動詞になったり、点動詞になったりする代表的な動詞です。表現Aのhaveは点動詞で、表現Cのhave動詞は線動詞なのです。点動詞か線動詞かを判別する方法はクイズ1（P.16）で紹介したように、そ

の動詞が表す動作が「目に見える」かどうかです。目に見える動作の場合、点動詞である可能性が大きいのです。

それでは、最後に確認です。He knows her. を進行形にした He is knowing her. は不自然な英語だと解説しました。では、I love her. を現在進行形にして、I'm loving her. とするのはどうでしょう？ 「彼女を愛する」ことは「意志を持った行為」だから正しい、ですか？

残念ながら間違いです。He knows her very well. の know と同様に、I love her. の love は、「意志を持った一時的な行為や動作」とは言えません。「もう愛してしまった」という継続した状態です。自分の意志ではなく、「いつのまにか愛してしまった」のかもしれません。ですから、線動詞の love を現在進行形にした I'm loving her. も不自然な英語なのです。

ちょっと頭が混乱してしまったでしょうから、まとめましょう。

点動詞とは「意志を持った一時的な行為や動作」を表す動詞。そして、現在進行形とは、点動詞で「線の気持ち」を表す方法。ですから、初めから「線の気持ち」を表している**線動詞を現在進行形にする必要はない**のです。

丸暗記コーナー 30 — 最低10回は音読しよう!

点動詞：I was having a very good time then.
（そのとき、すごく楽しんでたよ。）

線動詞：He knows her very well.
（彼は、彼女のことをとてもよく知ってます。）

線動詞：She has blue eyes.
（彼女の目は青いよ。）

受動態で表す「英語の点と線」

次の2つのうち、どちらかは不自然な英語でしょうか？

A : The restaurant was closed at nine o'clock that evening.
（そのレストランはその晩、9時に閉店した。）

B : The restaurant was closed until seven o'clock that evening.
（そのレストランはその晩、7時まで閉まっていた。）

A31

いいえ、どちらも自然な英語です。

どちらも自然な英語なのですが、もう読者のみなさんも慣れてきた通り、表現Aは「点の気持ち」の表現で、表現Bは「線の気持ち」の表現です。

同じ was closed の動詞 close が状況によって、点動詞になったり、線動詞になったりしているのです。この was closed は、close（閉店する）という動詞を受け身

にしたものです。

　このclose（閉店する）自体は本来、点動詞です。閉店とは、レジ内の現金を取り出したり、電気を消したり、ドアに鍵をかけたり等、意志で行なう**一時的な動作、行為**だからです。

　しかし、**点動詞をbe動詞を使って受け身にすると、その受け身形は、「点の気持ち」を意味する場合と「線の気持ち」を意味する場合の両方がある**ことを覚えておいてください。

　なぜ、こんな紛らわしいことが起こるのかと言えば、closeを受け身にしたclosedという過去分詞に次の2つの意味があるからです。

〈closedの2つの意味〉
(1) 点の気持ち：closeという行為を瞬間的に「された」
(2) 線の気持ち：closeという行為をされた結果の「状態」→「閉店中」という状態

　つまり、このcloseのように一般的に**点動詞をbe動**

詞で受け身にすると、点動詞と線動詞の両方の意味を持つことがあるのです。

（2）は状態を表すという点で、closed が red、big、short、rich などの形容詞と似ていることから「**過去分詞の形容詞用法**」と呼ばれることがあります。つまり、closed が事実上、形容詞のような意味で使われている、という意味です。wonderful も形容詞ですが、

The restaurant was closed until last week.
（先週まで閉店していた）
も、
The restaurant was wonderful until last week.
（先週まで素晴らしかった）
も、実質、同じスタイルの「線の気持ち」の表現ということです。

　close 以外にも、点動詞を受け身にして、「点の気持ち」と「線の気持ち」の両方を意味する例を見てみましょう。

これで完璧、自然な英語！

The wall was painted white.
は2つの意味になりえます。「点の気持ち」と「線の気持ち」のそれぞれの和訳をしてみてください。次のような時間の副詞を添えると和訳しやすくなるでしょう。

The wall was painted white yesterday.
(その壁は、きのう白く塗られた。)←点の気持ち
The wall was painted white until October.
(その壁は10月まで白く塗ってあった。)←線の気持ち

「点の気持ち」と「線の気持ち」の表現をバラバラに見ていると混乱するので、最後にまとめておきましょう。

【点の気持ち - 動作の受け身】
The restaurant was closed at nine o'clock that evening.
(そのレストランはその晩、9時に閉店した。)
The wall was painted white yesterday.
(その壁は、きのう白く塗られた。)
The clock was broken in the typhoon.
(その時計は、台風のとき壊れた。)

【線の気持ち - 継続した状態】

The restaurant was closed until seven o'clock that evening.
(そのレストランはその晩、7時まで閉まっていた。)

The wall was painted white until October.
(その壁は 10 月まで白く塗ってあった。)

The clock was broken during the program.
(その番組の間中、その時計は壊れていた。)

丸暗記コーナー 31 \最低10回は音読しよう!/

〈点の気持ち〉
- The library was closed early because of the snow storm.(その図書館は、吹雪のためにいつもより早く閉館された。)

〈線の気持ち〉
- The library was closed until Wednesday last week.(先週、水曜までその図書館は閉まっていた。)

これで完璧、自然な英語!

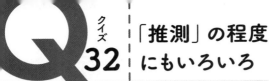

「推測」の程度にもいろいろ

Now he must be very tired after such hard work.
（そんな重労働したんだから、今、彼はクタクタでしょう。）
という推測の表現があります。「に違いない」の must が使われています。推測の表現はこのまま維持しながら、この must を他の助動詞に置き換えてみましょう。

例えば、may に置き換えて、

Now he may be very tired....

とすると「確信の程度」は少し弱くなって、「クタクタかもしれませんね」となりますが、推測の表現には変わりありません。

では、次の助動詞の中で、推測の表現を作れないものはどれでしょうか？　推測の表現を作れるならば、「確信の程度」は違っても構いません。

might, should, will, would

推測の表現を作れない助動詞はありません。

170

つまり、must を might, should, will, would のどれと交換しても、「確信の程度」の差はありますが、推測表現になりえます。

○ Now he must be very tired.
　（絶対、クタクタだよ。）
○ Now he may be very tired.
　（クタクタかもしれないね。）
○ Now he might be very tired.
　（ひょっとしてクタクタかもしれないね。）
○ Now he should be very tired.
　（クタクタのはずだよ。）
○ Now he will be very tired.
　（きっとクタクタだよ。）

現在に関する推測をする場合、確信の程度を「弱」から「強」の順に並べると、could, might, may, can, should, would, will, must の順になります。

　私たち日本人には「will＝未来」というイメージがありますから、一番意外なのは、will が「未来の推測」では

なく、「現在の推測」に使えることではないでしょうか。文頭の Now と will が一緒に使えていることを不思議に感じると思います。でも、これは自然な表現なのです。

will が He will come tomorrow.（彼は明日、来るでしょう。）のような未来の予測だけではなく、現在の予測にも使えることを覚えておきましょう。

ただ、will の場合、「予測」でありながら、「ほぼ100%の確実性」のある予測です。だから、**will を使った現在の予測は日本語の「きっと」や「絶対」という言葉の感覚に近い**と覚えてください。would は will よりも確信の程度がいくぶん弱くなります。

丸暗記コーナー 32 〈最低10回は音読しよう!〉

- This will be the key she has been looking for.
 （きっと、これが、彼女がずっと探してた鍵だよ。）←普通の確信

- This would be the key she has been looking for.
 （たぶん、これが、彼女がずっと探してた鍵だよ。）←やや弱い確信

「should = べき」で問題ありませんか?

いつも早く閉館する図書館を不満に思っているあなたの友人のネイティヴが、次のように言いました。何と言っているのでしょう?

A : The library should be open until six o'clock.

別の日、あなたがそのネイティヴの友人にその図書館の今日の利用時間帯を尋ねました。そのネイティヴは次のように答えました。何と言っているのでしょう?

B : The library should be open until four o'clock.

解答 A33

A:「あの図書館、6 時までは開いていて欲しいよ。」(義務)
B:「あの図書館、4 時まで開いてるはずだよ。」(推測)

「should = べき」式の暗記をしている人には、表現B の意味はわかりにくかったでしょう。should は「べき」を意味する「義務」だけではなく、「はず」を意味する

「推測」も表すことを忘れないでください。
　mustに「ねばならない」だけではなく「に違いない」の意味があったのと同じです。でも、shouldの「はず」は、mustの「に違いない」ほど知られていないようなのでクイズにしてみました。

推測の仲間の言葉：
(以下、壊れていたので修理した椅子に座ろうとした人に向かっての発言と想定してください。)

It must be all right this time.
(今度は絶対、大丈夫だよ。) ←確率95%

It should be all right this time.
(今度は大丈夫のはずだよ。) ←確率80%

It may be all right this time.
(今度はたぶん、大丈夫だよ。) ←確率50%

It might be all right this time.
(今度は大丈夫かも。) ←確率30%

丸暗記コーナー 33 〈最低10回は音読しよう!〉

そのときの状況や文脈でまったく同じ表現が2つの異なる意味になる例です。

- Nancy should meet him in Kyoto today.
  (Nancyは今日、京都で彼に会うべきだよ。)

- Nancy should meet him in Kyoto today.
  (Nancyは今日、京都で彼に会うはずだよ。)

修理した椅子は、本当に大丈夫?

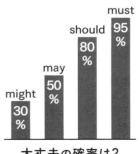

might 30%　may 50%　should 80%　must 95%

大丈夫の確率は?

これで完璧、自然な英語! 175

ドイツ人だと信じているのは、どっち?

A : He said you are a German.
B : He said you were a German.

「あなたはドイツ人だと彼が言っていました。」つまり「あなたがドイツ人だと彼から聞きました。」と言いたい場合、表現AもBも、どちらも自然な表現でしょうか。

解答 A34

どちらも自然な英語です。ただし、意味が微妙に違います。

　文法で「時制の一致」というものを習ったかすかな記憶があると思います。表現AでもBでも2つの動詞「say」と「be」が使われています。「動詞の say が過去形になったら、be 動詞もそれに合わせて過去形にする」というのが学校で習った「時制の一致」でした。

　この「時制の一致」で考えると、表現Bのように、過去形の said に合わせて were と過去形にするのが正しいことになります。しかし、会話ではそんな細かい規則は

無視されることも普通なので、表現AもBも、ほぼ同じ意味で使われます。

　ただ、微妙な意味の違いもあるので説明しましょう。学校で習った遠い記憶を思い起こしてください。The Earth is round.（地球は丸い。）のような真実は「時制の一致」の影響を受けないと教えられた記憶があると思います。
　だから、事実なら、過去のことを言う場合にも、

They knew that the Earth is round.
（人々は地球は丸いと知っていた。）

のように、「時制の一致」の影響を受けないと習ったと思います。逆に、

They believed that the Earth was flat.
（人々は地球は平らだと信じていた。）

のように、真実でないことを指すときは、「時制の一致」の影響を受けてbe動詞は、過去形の「was」になるというルールも習ったと思います。

このルールで考えると、表現Aは文法無視の「くだけた話し方」というだけではありません。「あなたがドイツ人」だということを発言者がすでに「事実として受けとめている」という感覚が入った表現なのです。
　一方、表現Bは逆に、発言者が「あなたがドイツ人だ」ということが真実かどうかは知らない、という感覚なのです。「その時、彼がそう言ってるのを聞いただけ」で自分はその真偽は、知らない、という気持ちの発言です。

　ところで、直接話法、間接話法という言葉を覚えているでしょうか。

直接話法：
He said to me, "I'll call you again tomorrow."
（彼は私に「明日、また君に電話するよ」と言ったんです。）

間接話法：
He told me that he would call me the next day.
（彼は私に、また翌日、私に電話すると言ったんです。）

　つまり、表現Bの中の「you」の名前がAlbertだとし

たら、表現Bは次のような直接話法の感覚なのです。

He said,"Albert is a German."

　言い換えると「あなたはドイツ人」という主張内容に自分は関係していない、責任を持っていない。「彼がそう言っているのを聞いただけで、その真偽は知らない。」という感覚です。
　いつものように不自然な日本語になるかもしれませんが、表現AとBの気持ちの違いを正確に和訳してみましょう。

A：He said you are a German.
　（あなたがドイツ人ってことは彼から聞きました。）
　　←ドイツ人であることをもう事実として受け入れている。

B：He said you were a German.
　（あなたがドイツ人って彼は言ってますけど、ホントかなぁ。）

丸暗記コーナー 34 　\最低10回は音読しよう!/

- They said you <u>are</u> going to quit your job next month.
  （来月、あなたが仕事をやめると聞きました。）←聞いた話を信じている気持ち

- They said you <u>were</u> going to quit your job next month.
  （来月、あなたが仕事をやめると、彼等が言ってましたよ。）←本当ですか?の気持ち

例文を完全暗記しよう！

本書を一通り読み終えたら、そのままにせず、是非、この付録1で和文を見ながら対応する英語表現を思い出し、復習してください。全表現の完璧な暗記を目指します。

　おすすめする方法は、和文を見て、いきなり正解の英語表現を見るのではなく、まず、和文を見たら、英語表現を思い出しながら書いてみることです。

　つまり、付録1の消化法の最初は英作文として、自分の暗記状況を確認することです。もちろん、本書の究極の目的は英語ペラペラです。

　しかし、最終目標の「口からペラペラ」の前に、ハードルがより低い「スラスラ書ける」を目指しましょう。分数や小数の掛け算の前に、整数の九九を先にマスターする順序と同じです。

　書こうとして詰まってしまう英語表現がまだまだあるのに、「口からペラペラ」を先に狙うのは順序が逆なのです。テニスのラケットの正しい握り方を知らないのに、試合を早くやりたがるようなものです。急がば回れです。焦らず、まず、初級の「スラスラ書ける」を攻略しましょう。そしてすべての和文に対応する英語表現を楽にスラスラ書けるようになったら、次に上級の「口からペラペラ」を目指してください。

問題集

Q 問題1
A：【点の気持ち】明日の朝は 9 時までには起きてね。
B：【線の気持ち】明日の朝は 9 時まで寝ていいよ。

Q 問題2
A：【点の気持ち】当店は 11 時に開く。
B：【線の気持ち】当店は 11 時から開いている。

Q 問題3
上司：もう斉藤さんに電話した？
A：【点の決心】
　　あなた：まだです。じゃあ、昼食後に電話します。
B：【線の決心】
　　あなた：まだです。昼食後に電話するつもりでした。

Q 問題4
きっと、君はその新人を気に入ると思うよ。
（2つの表現に英訳してください）

Q 問題5

【条件付き予測】

今夜、彼女を訪ねてあげれば、とても喜ぶと思うよ。

Q 問題6

A：【点の気持ち】彼、まだ来てないよ。

B：【線の気持ち】彼、まだ、来てないんだよ。（どうしたんだろう？）

Q 問題7

A：【点の気持ち】妹が先月、その新しいダイエット法を試したよ。（今も継続中かどうかは不明）

B：【線の気持ち】妹が、その新しいダイエット法を2ヶ月間、試してる。（今も継続中）

Q 問題8

A：【聞き手は来週、神戸以外の場所にいる】

　　私、来週、神戸に行くんだ！

B：【聞き手は来週、神戸にいる】

　　私、来週、神戸に行くんだ！

Q 問題9

A：明日の午前中に、また会おうよ!
B：明日の朝、また会おうよ!
C：明日の晩、空いてる?
D：ゆうべは深夜（周囲の人は就寝中）まで起きてたよ。

Q 問題10

A：彼女と話したくなかっただけだよ。
B：彼女と話したかっただけじゃないよ。

Q 問題11

下線部分を強調する英語表現にしてください。

A：彼は<u>眼鏡</u>を外した。
　（「彼は何を外したの?」に答えるような気持ち）
B：彼は眼鏡を<u>外した</u>。
　（「彼は眼鏡をどうしたの?」に答えるような気持ち）

Q 問題12

A：パンダ見たことある?
B：今までに、パンダ見たことある?
C：パンダ見たことあるよ。

例文を完全暗記しよう！

Q 問題 13
A：その学校の生徒たちが、きのう、我が社を訪問しました。
B：その学校の生徒たち<u>全員</u>が、きのう、我が社を訪問しました。

Q 問題 14
A：ビールあります？
B：ビール2つお願いします。

Q 問題 15
A：【過去の能力】
　　彼は、日本に来る前から日本語を話せたよ。（2つの表現に英訳）
B：【実際に行なったこと】
　　ゆうべはよく眠れたわ！
C：【実際に行なえなかったこと】
　　ゆうべはよく眠れなかったんだ。（2つの表現に英訳）

Q 問題 16
A：あの映画、もう見た？
B：それ、まだ見てないんだ。

C：それ、もう見たよ。
D：ええーっ??　もう、それ見ちゃったの??

Q 問題 17
A：今晩、何か予定入ってる?
B：今晩は彼女と一緒に夕食なんだ。

Q 問題 18
A：彼が来週、本社へ行くかどうか知りません。
B：明日、彼が来るんなら、彼を手伝うよ。

Q 問題 19
A：来月、日本を発つときは、（そのとき）知らせてください
　　ね。
B：来月、いつ日本を発つかを（今）教えてください。

Q 問題 20
以下、両方とも米国人女性の発言です。
A：健二は私の「彼」よ。
B：健二は、ただの友だちよ。

Q 問題 21
A：もう、出発しなくっちゃ。なるべく早く彼に会ってもらいたいんだよ。
B：もう、出発したほうがいいよ。最終電車を逃しちゃうよ。

Q 問題 22
「母が私を町に買い物に行かせた」を以下の微妙なニュアンスの違いで英訳してください。
A：嫌だったけれど行かされた。
B：私自身が行きたかった。
C：嫌がる私を無理矢理行かせた。

Q 問題 23
A：(命令して) 藤田さんを池袋に行かせた。
B：(頼んで) 藤田さんに池袋に行ってもらった。

Q 問題 24
A：駅に行く途中でそれを投函するのを忘れないでね。
B：駅に行く途中でそれを投函したことを忘れないでね。

Q 問題 25
A：彼は仕事帰りによくそのスケート場に行ったものです。
（今はもうしていない）
B：彼は仕事帰りによくそのスケート場に行ったものです。
（今もしているかもしれない）

Q 問題 26
発声での「一休み」は英語の「,」で表現してください。
A：彼には2人の姉妹がいて、2人とも彼の地元で働いているんだって。
B：彼には、彼の地元で働いている姉妹が2人いるんだって。
（彼の地元以外に住んでいる他の姉妹がいるかもしれない）

Q 問題 27
A：2ヶ月後に会社辞めるよ。
B：私たちは来週の月曜に大阪に行き、2日後に博多に発つ予定です。

Q 問題 28
A：フランスでワインはたくさん飲んだ？
B：フランスでワインはそんなに飲まなかったよ。
C：フランスでワインはかなり飲んだよ。

Q 問題 29
A：「幽霊見たことある？」を ever を使って2つの表現に英訳してください。
B：「ロンドン橋って見たことないんだ」を never を使って2つの表現に英訳してください。

Q 問題 30
A：【点動詞】そのとき、すごく楽しんでたよ。
B：【線動詞】彼は、彼女のことをとてもよく知ってます。
C：【線動詞】彼女の目は青いよ。

Q 問題 31
A：【点の気持ち】その図書館は、吹雪のためにいつもより早く閉館された。
B：【線の気持ち】先週、水曜までその図書館は閉まっていた。

Q 問題 32

A：きっと、これが、彼女がずっと探してた鍵だよ。
　（普通の確信）

B：たぶん、これが、彼女がずっと探してた鍵だよ。
　（やや弱い確信）

Q 問題 33

A：Nancy は今日、京都で彼に会うべきだよ。

B：Nancy は今日、京都で彼に会うはずだよ。

Q 問題 34

A：来月、あなたが仕事をやめると聞きました。
　（聞いた話を信じている気持ち）

B：来月、あなたが仕事をやめると、彼等が言ってましたよ。
　（本当ですか？の気持ち）

解答集

A 解答1

A:【点の気持ち】You must get up <u>by</u> nine o'clock tomorrow morning.

B:【線の気持ち】You can sleep <u>until</u> nine o'clock tomorrow morning.

A 解答2

A:【点の気持ち】Our shop opens <u>at</u> eleven o'clock.

B:【線の気持ち】Our shop is open <u>from</u> eleven o'clock.

A 解答3

Boss: Have you called Saito-san yet?

A:【点の決心】You: No, not yet. <u>I'll</u> call him after lunch.

B:【線の決心】You: No, not yet. <u>I'm going to</u> call him after lunch.

A 解答4

I'm sure you'll like the newcomer.
I'm sure you're going to like the newcomer.

A 解答5

【条件付き予測】

If you visit her this evening, she'll be very pleased.

A 解答6

A:【点の気持ち】He hasn't come yet.
B:【線の気持ち】He still hasn't come.

A 解答7

A:【点の気持ち】My sister tried the new diet method last month.
B:【線の気持ち】My sister has tried the new diet method for two months.

A 解答8

A:【聞き手は来週、神戸以外の場所にいる】
I'm going to Kobe next week!

B:【聞き手は来週、神戸にいる】
I'm coming to Kobe next week!

A 解答 9

A : See you again tomorrow morning!
B : See you again early tomorrow morning!
C : Are you free tomorrow evening?
D : I was up late last night.

A 解答 10

A : I just didn't want to talk with her.
B : I didn't just want to talk with her.

A 解答 11

A : He took off his glasses.
B : He took his glasses off.

A 解答 12

A : Have you seen a panda?
B : Have you ever seen a panda?
C : I've seen a panda.

A 解答 13

A : Students from the school visited our company yesterday.

B : The students from the school visited our company yesterday.

A 解答 14

A : Do you have beer?（Uncountable 用法）

B : Two beers, please.（Countable 用法）

A 解答 15

A :【過去の能力】

He could speak Japanese before he came to Japan.

He was able to speak Japanese before he came to Japan.

B :【実際に行なったこと】

I was able to sleep well last night!

× I could sleep well last night.（これは誤答です）

C :【実際に行なえなかったこと】

I couldn't sleep well last night.

I wasn't able to sleep well last night.

A 解答 16

A: Have you seen that movie yet?

B: I haven't seen it yet.

C: I've already seen it.

D: Have you already seen it?

A 解答 17

A: What are you doing this evening?

B: I'm having dinner with her this evening.

A 解答 18

A: I don't know if he will go to the head office next week.

B: If he comes tomorrow, I'll help him.

A 解答 19

A: Please let me know when you leave Japan next month.

B: Please let me know when you will leave Japan

next month.

A 解答 20

A : Kenji is my boyfriend.
B : Kenji is a boyfriend of mine.

A 解答 21

A : You must leave now. I want you to meet him as soon as possible.
B : You have to leave now, or you'll miss the last train.

A 解答 22

A : Mother made me go shopping in town.
B : Mother let me go shopping in town.
C : Mother forced me to go shopping in town.

A 解答 23

A : I had Fujita-san go to Ikebukuro.
B : I got Fujita-san to go to Ikebukuro.

A 解答 24

A : Please remember to post it on the way to the station.

B : Please remember posting it on the way to the station.

A 解答 25

A : He used to go to the skating rink after work.

B : He would often go to the skating rink after work.

A 解答 26

「,」は、発声での「一休み」を意味します。

A : He has two sisters, who work in his hometown.

B : He has two sisters who work in his hometown.

A 解答 27

A : I'm going to quit my job in two months.

B : We're going to go to Osaka next Monday, and leave for Hakata two days later.

A 解答 28

A : Did you drink <u>much</u> wine in France?
B : I didn't drink <u>much</u> wine in France.
C : I drank <u>a lot of</u> wine in France.

A 解答 29

A : <u>Have you ever</u> seen a ghost?
　　<u>Did you ever</u> see a ghost?
B : I've <u>never seen</u> London Bridge.
　　I <u>never saw</u> London Bridge.

A 解答 30

A :【点動詞】I <u>was having</u> a very good time then.
B :【線動詞】He knows her very well.
C :【線動詞】She has blue eyes.

A 解答 31

A :【点の気持ち】The library was closed early because of the snow storm.
B :【線の気持ち】The library was closed until Wednesday last week.

例文を完全暗記しよう！

A 解答 32

A : This will be the key she has been looking for.
（普通の確信）

B : This would be the key she has been looking for.
（やや弱い確信）

A 解答 33

A : Nancy should meet him in Kyoto today.

B : Nancy should meet him in Kyoto today.

A 解答 34

A : They said you are going to quit your job next month.

B : They said you were going to quit your job next month.

英語ペラペラになるための
7つのステップ

英語ペラペラになりたい人は、以下7つのステップを指示通りに必ずやり遂げてください。英語を話せない人は、必ず、以下のステップのどこかで途中放棄する人なのです。

　英会話を長年勉強している人のほとんどが英語ペラペラになれない理由は、いろいろな学習法に目移りし、1つの方法をやり遂げないからです。「やり遂げる」ということを生まれて初めて試してみませんか？

　ここでの7つのステップを最後まで忠実にやり遂げてください。1日の学習可能時間で異なりますが、早い人で1年、遅い人でも3年で「英語ペラペラ」という新しい自分に出会えるはずです。効率のよい英語学習法に関しては、私の**『日本人が「英語を話せない」たった3つの理由』**（三笠書房）でも詳しく解説しています。

- ステップ1：発音記号をマスターせよ！
- ステップ2：中学英語の短期復習用参考書をマスターせよ！
- ステップ3：中学生の教科書3冊を音読、暗記せよ！
- ステップ4：本書の「丸暗記コーナー」の全文を暗記せよ！

- ステップ5：会話用英作文をせよ！
- ステップ6：英会話の主要パターンをマスターせよ！
- ステップ7：語彙を増強せよ！

● **ステップ1：発音記号をマスターせよ！**

　通じない発音は困りますが、発音が多少間違っていても通じるなら、それほど問題はありません。
　ただし、通じてはいても、発音の間違いは、聞き手には確実に負担増になります。「あの単語を言っているつもりなんだな」との推測の負担をかけるからです。
　その意味で、どうせ英語を話すなら、発音記号の助けを借りて、なるべくネイティヴに近い正確な発音を目指しましょう。発音記号は、ネイティヴの発音をスローモーション再生してくれる便利な英語音解析ツールのようなものです。こんな便利なツールを使わない手はないでしょう。
　発音記号用の教材は、書店に行って自分の好みで選ぶのが一番ですが、以下の教材などもよいでしょう。

★『英語発音記号「超」入門』

中田俊介、ロゴポート 著（テイエス企画）
★『驚異の発音記号ワーク50』
　武田千代城 著（明治図書出版）

完璧を目指したい人には次の書籍がおすすめです。

★『英語「発音記号」の鬼50講』
　米山明日香 著（明日香出版社）

　大人である読者のみなさんが英語学習の再出発をする場合、絶対、私がおすすめするのは発音記号を読めるようになることです。2、3歳の幼児と違い、柔軟な脳を持たない大人の私たちが発音記号という補助輪を使わないで自転車（英語）に乗ろうと練習するのは、もったいないことです。

　幼児と違い、大人の頭脳の中には、すでにカタカナ音の音声目盛りができあがっています。そのため、私たちが正しい英語音を毎日、繰り返し大量に聞いても、そのカタカナ音の目盛りを通してしか英語が聞こえません。つまり、「幼児」と「大人」では、聞き取りの仕組みが根本的に違うのです。

大人である私たちは残念なことに、英語音に関して、カタカナ音を目盛りとした「思い込み」を持っています。例えば、私たち日本人は犬の吠え声を、「ワンワン」という「思い込み」で理解しています。だから、私たちが犬の吠え声の録音を繰り返し何百時間聞いても、決して「バウワウ」（bowwow!）との英語音には聞こえてきません。

　同様に、私たちが誤ったカタカナ音で思い込んでいる英語音を何百時間聞いても、正しい英語音には聞こえないのです。また、自分も正しい発音をするようにはなりません。だから、この誤った「思い込み」のカタカナ音の目盛り自体を直さない限り、たとえ1000時間、英語のヒアリングをしたとしても、その人の英語リスニング合計時間は、ゼロ時間なのです。

　つまり、最初に脳内の音声目盛りを矯正しなければ、あなたは英語音の世界に一歩も入れないのです。

　あなたの脳内の音声目盛りをカタカナ音から本当の英語音に矯正する手段こそ「発音記号」なのです。

　もちろん、発音記号は、リスニングの目盛りを作るためだけに重要なのではなく、あなたが話すときの発音にとっ

ても重要です。発音記号を無視して英語学習を行うことは、非効率的なだけではなく、実は大変危険な側面もあります。新しい英単語の発音を、ただなんとなくカタカナ風に覚え、その単語を繰り返し発音していると、ついには、誤った発音があなたの脳裏に強く、強く焼き込まれてしまうからです。

　厚い材木に釘を打ち込む場面を思い浮かべてください。釘を真っ直ぐ垂直に打ち込めることを正しい英語音を発声できることにたとえてみましょう。発音記号の助け（ガイド）なしに、ただなんとなく英語を発音するのは、釘をなんとなくカナヅチで乱暴に打ち込もうとすることに似ています。

　運がいいときは、垂直に打ち込めるかもしれません。しかし、最初にちょっと釘が斜めに打ち込まれたことにも気づかず、カナヅチで乱暴に釘の頭を叩き続ければ、釘は斜めに深く打ち込まれてしまいます。もはや、矯正不能です。

　これは、発音記号の音声目盛りを持たない人が、長年、適当に発声してきた英語の発音に似ています。では、この釘の打ち込みのたとえで言えば、発音記号は、どの

ように役立つのでしょうか。釘をいきなり乱暴に打ち込まず、初めにキリでガイド用の短い垂直の穴を静かに丁寧に開けてはどうでしょうか。

　初めは、その垂直のガイドの穴に沿うように、静かに慎重に釘の頭を軽く叩くのです。ある程度、垂直に刺さったら、勢いよく釘を打ち込んでも、真っ直ぐ垂直に打ち込めるわけです。そうです、初めは、発音記号に忠実に、慣れない英語音をゆっくり、慎重に丁寧に発音してみます。しかし、最初は慣れない英語音も、ゆっくり発音を繰り返しているうちに、徐々に慣れてきます。そうなると、勢いよく釘を叩いても垂直に打ち込めるように、速く発声しても楽に正確な英語を発音できるようになるのです。

　発音記号は、この釘打ち直前に、キリで開けるガイド穴のようなものです。今までの英語学習で、すでに斜めに打ち込んでしまった大量の釘を抜き取り、もう一度、キリの助け（発音記号）を使って、全部の釘を正しく垂直に打ち直しましょう。

●ステップ2:中学英語の短期復習用参考書をマスターせよ!

　会話のための英語の基本は、やはり、中学英語と本書です。現在、英語力ゼロの読者の方は、本書を読むだけではなく、次のような教材を先に読むことをおすすめします。もちろん、すべてではなく、以下のいずれか1つを完読すれば十分です。

★『中学校3年間の英語が1冊でしっかりわかる本』
　　濱崎潤之輔 著(かんき出版)
★『Mr. Evine の中学英文法を修了するドリル』
　　Evine 著(アルク)
★『中学英語をもう一度ひとつひとつわかりやすく。』
　　山田暢彦 監修(学研プラス)

●ステップ3:中学生の教科書3冊を音読、暗記せよ!

　現在、あらゆる脳科学が外国語マスターでの音読の有効性を認めています。「目からの文字情報入力」と

「口からの音声発信」で、脳の２つの異なる部位を同時に刺激することが有効なのです。この複合刺激が脳への音声回路の定着や表現暗記に役立つのです。

　自分が実際に使っていた教科書は廃棄して手元にない場合は、代わりに最新の教科書を入手しましょう。
　ただし、教科書だけでなく、その音声が録音されたCDも一緒に入手することが絶対条件です。録音CDの発音を手本とせず、自己流だけで音読することは絶対に避けてください。中学３年間分の教科書を実際に全部通して読んでも30分もかからないことを意外に感じるでしょう。

　中学の教科書をどうしても入手できない場合は、代わりに次の教材をおすすめします。内容が中学の教科書を基にして作られているからです。以下の２冊とも音読、暗記、読破してください。

★『英会話・ぜったい・音読【入門編】』
　國弘正雄、千田潤一、久保野雅史共著
　（講談社インターナショナル）
★『英会話・ぜったい・音読【標準編】』

國弘正雄、千田潤一共著
(講談社インターナショナル)

●ステップ4：本書の「丸暗記コーナー」の全文を暗記せよ!

　本書を一通り読み終えたら、そのままにせず、是非、付録1で和文を見ながら対応する英語表現を思い出し、復習してください。全表現の完璧な暗記を目指します。和文を見て、対応する英語を空でスラスラ言えるまで暗記しましょう。

●ステップ5：会話用英作文をせよ!

　ステップ4で本書内の英語表現の完全暗記を推奨しました。その同じやり方で、次の教材3冊もおすすめします。他にも自分の好みで、会話表現用の英作文の書籍を探して読破していただいても結構です。

★『どんどん話すための瞬間英作文トレーニング』
　森沢洋介 著（ベレ出版）
★『スラスラ話すための瞬間英作文シャッフルトレーニング』森沢洋介、森沢弥生 著（ベレ出版）
★『ポンポン話すための瞬間英作文パターン・プラクティス』森沢洋介 著（ベレ出版）

●ステップ6：英会話の主要パターンをマスターせよ！

　このステップ6で思い当たる教材は１種類しかありません。永遠のロングセラーとも呼べる名著です。以下の2冊とも完読してください。

★『アメリカ口語教本・入門用（最新改訂版)』
　W.L. クラーク著（研究社）
★『アメリカ口語教本・初級用（最新改訂版)』
　W.L. クラーク著（研究社）

● ステップ7：語彙を増強せよ！

「英語ペラペラ」というビル建設の最後のステップです。ステップ1からステップ6までは、順番にやるのが望ましい学習法です。

しかし、このステップ7だけは、ステップ1の「発音記号の習得」さえ終われば、いつでも好きなときに「ながら勉強」として行っていただいて結構です。例えば、通学時間、通勤時間などを利用するのもよいでしょう。つまり、他のステップの勉強と同時進行的に学習しても効果的です。

基本的には書店で読者自身のフィーリングに合う書籍を探すのが一番です。私がおすすめしたいのは次の教材です。初版から改善につぐ改善を重ね、他の多くの単語集、熟語集を圧倒的に上回るアイデア満載の教材です。特に一つの暗記例文に複数個の単語や熟語が含まれていて、そのため、効率的な暗記ができることがロングセラーとなっている要因でしょう。

★『DUO 3.0』鈴木陽一著（アイシーピー）

【参考文献】

『オックスフォード実例現代英語用法辞典』
　マイケル・スワン 著（オックスフォード大学出版局）

『ロングマンコーパス英語用法辞典』
　N.D.Turton、J.B.Heaton 著（桐原書店）

『英語「誤」法ノート555』
　Timothy J.Fitikides 著（ピアソン・エデュケーション）

『新英文法用例辞典』
　荒木一雄 編（研究社出版）

『あなたの英語診断辞書』
　松本安弘・松本アイリン 共著（北星堂書店）

『オックスフォード現代英英辞典』
　A.S.Hornby 他 共編（開拓社）

『最新・日米口語辞典』
　エドワード・G・サイデンステッカー、松本道弘 共編
　（朝日出版社）

『英語正誤辞典』
　荒木一雄 編（研究社出版）

『会話作文 英語表現辞典 新訂版』
　ドナルド・キーン、羽鳥博愛 監修（朝日出版社）

イラスト

かざまりさ

本文DTP

宇那木 孝俊

本書は、KADOKAWAより刊行された『英語の点と線』を、
文庫収録にあたり再編集のうえ、改題したものです。

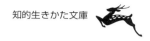

知的生きかた文庫

1日1題
英語のニュアンスがわかる本

著　者	藤沢晃治〈ふじさわ・こうじ〉
発行者	押鐘太陽
発行所	株式会社三笠書房
	〒102-0072　東京都千代田区飯田橋3-3-1
	https://www.mikasashobo.co.jp
印　刷	誠宏印刷
製　本	若林製本工場

ISBN978-4-8379-8908-0 C0182
©Kohji Fujisawa, Printed in Japan

本書へのご意見やご感想、お問い合わせは、QRコード、
または下記URLより弊社公式ウェブサイトまでお寄せください。
https://www.mikasashobo.co.jp/c/inquiry/index.html

＊本書のコピー、スキャン、デジタル化等の無断複製は著作権法上での例外を除き禁じ
られています。本書を代行業者等の第三者に依頼してスキャンやデジタル化することは、
たとえ個人や家庭内での利用であっても著作権法上認められておりません。
＊落丁・乱丁本は当社営業部宛にお送りください。お取替えいたします。
＊定価・発行日はカバーに表示してあります。

知的生きかた文庫

日本人が「英語を話せない」たった3つの理由
藤沢晃治

日本人が「英語を話せない」理由は、音声語彙力（音声面での単語力）、発信力、反射力の3つ。これらの不足を補えば、今からでも「英語ペラペラ」になれる！

たった「80単語」！読むだけで「英語脳」になる本
船津洋

たとえばrunは「サーッと動く」──英単語は「意味」でなく「イメージ」で覚えよう。それが「英語脳」＝「ネイティブ語感で英語がわかる頭」になれる一番の近道！

人生うまくいく人の感情リセット術
樺沢紫苑

この1冊で、世の中の「悩みの9割」が解決できる！　大人気の精神科医が教える、心がみるみる前向きになり、一瞬で「気持ち」を変えられる法。

マッキンゼーのエリートが大切にしている39の仕事の習慣
大嶋祥誉

「問題解決」「伝え方」「段取り」「感情コントロール」……世界最強のコンサルティングファームで実践されている、働き方の基本を厳選紹介！　テレワークにも対応!!

頭のいい説明「すぐできる」コツ
鶴野充茂

「大きな情報→小さな情報の順で説明する」「事実＋意見を基本形にする」など、仕事で確実に迅速に「人を動かす話し方」を多数紹介。ビジネスマン必読の1冊！

C50501